쓰레기 없는 지구를 만든다면

KB003189

16
지식
+
진로

쓰레기 없는 지구를 만든다면

허승은 지음

플라스틱부터 우주 쓰레기까지 세상을 구하는 환경 이야기

다른

자연과학·
공학

환경

사회과학

예술학

디자인 → 업사이클 디자이너

연구 → 바이오 플라스틱 연구원

연구 → 환경 연구원

사회 복지 → 환경 단체 활동가

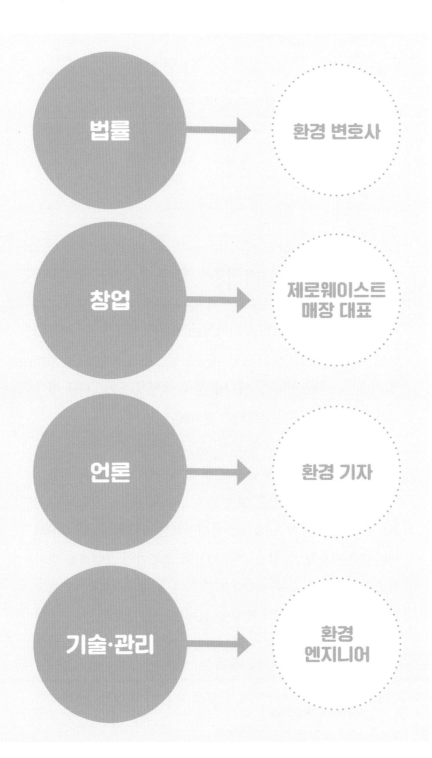

법률 → 환경 변호사

창업 → 제로웨이스트 매장 대표

언론 → 환경 기자

기술·관리 → 환경 엔지니어

| 나와 지구가 함께 숨 쉬는 지속 가능한 세상을 위해

울긋불긋 단풍이 든 낙엽은 나무에 매달려 있을 때는 참 예쁩니다. 그러나 길 위에 떨어지면 바로 비닐봉지나 마대에 담겨 쓰레기로 처리되지요. 그런데 도시에서는 이렇게 천덕꾸러기 취급을 받는 낙엽이, 시골에서는 귀한 대접을 받는다고 해요. 바로 퇴비로 사용되기 때문이에요. 어디에 있고 어떻게 쓰이느냐에 따라 쓰레기에 대한 대우가 달라지는 셈입니다.

집에서 버려지는 페트병, 택배 상자도 재활용 선별장에서는 자원이 됩니다. 분리배출함에 모인 투명 페트병은 플라스틱 원료로 재활용할 수 있고, 포장할 때 썼던 비닐은 발전소를 가동하는 연료로 사용할 수 있어요. 음식물 쓰레기로는 바이오가스를 생산해 에너지로 사용할 수 있습니다. 이처럼 쓰레기의 쓰임새를 찾아 재활용하는 일은 무척 중요해요. 그러나 슬프게도 재활용만으로 쓰레기 문제를 모두 해결할 수는 없어요. 왜냐고요? 이미 지구가 감당할 수 없을 정도로 엄청나게 많은 쓰레기가 만들어지고 있거든요.

여러분도 잘 알다시피, 우리가 버리는 쓰레기는 환경에 심각한 문제를 일으켜요. 많이 만들고 많이 버리다 보니 자원이 점점 고갈되고, 플라스틱 때문에 땅과 바다가 오염되면서 생태계가 무너지고 있어요. 재활용이라는 이름으로 수출되는 쓰레기는 나라 간의 불평등을 가져오고, 쓰레기 처리장을 어디다 세울 건지를 둘러싼 갈등이 생기기도 해요.

2018년 1월 중국이 "재활용 쓰레기, 이제 더 이상 수입 안 합니다!"라고 선언하자, 전 세계는 혼란에 빠졌어요. 그동안 중국에 재활용 쓰레기를 수출해 왔는데, 이제는 자국 내에서 처리해야 했기 때문이에요. 우리나라도 수출하지 못한 재활용 쓰레기가 전국 곳곳에 방치되었고, 얼마 지나지 않아 여기저기에 쓰레기산이 만들어졌어요.

쓰레기산은 시민들의 관심을 끌었어요. 밖에 내놓기만 하면 알아서 처리되던 쓰레기들이, 이제는 산처럼 쌓여 눈에 보이게 되었으니까요. 사람들은 쓰레기가 어디로 가서 어떻게 처리되는지 궁금해하기 시작했어요. 어떤 이들은 SNS를 통해 정보와 경험을 공유했고, 기업에 직접 환경 보호를 요구하기도 했지요. 이러한 시민의 목소리는 조금씩 변화를 이끌어 냈고, 제도를 바꾸는 결과를 가져왔어요.

이 책에서는 쓰레기 문제의 핵심으로 떠오른 플라스틱부터 식당과 가정에서 나오는 음식물, 병원에서 나오는 의료 쓰레기, 발전 시설에서 나오는 핵폐기물, 건물과 도로에서 발생하는 건설 쓰레기, 심지어 우주에 떠다니는 우주 쓰레기까지 쓰레기의 모든 것을 낱낱이 밝힙니다. 이 책을 읽고 나면 내 시선이 닿는 모든 곳에서 쓰레기가 눈에 띄는 진귀한 경험을 할지도 모르겠네요.

쓰레기 문제를 해결하기 위해 우리 모두의 적극적이고 지속적인 노력이 필요합니다. 환경을 지키는 것은 모든 지구인의 책임이니까요. 이 책을 통해 청소년 여러분이 환경 보호에 대한 책임과 역할을 인식하기를, 그리고 지속 가능한 세상을 만들기 위해 이를 실천하기를 바랍니다.

차례

1장 재활용할 거니까 버려도 괜찮을까?

2장 먹으면 음식, 버리면 쓰레기

3장 쓰레기계의 숨은 강자

4장 무분별한 개발이 가져온 결과

5장 오늘부터 시작하는 제로웨이스트

1장

재활용할 거니까
버려도 괜찮을까?

에베레스트산 꼭대기부터 바다 깊은 곳까지,
플라스틱은 지구의 모든 곳을 점령했다.

플라스틱 월드

우리나라 사람들이 가장 가보고 싶어 하는 외국의 산은 어디일까요? 한 설문 조사 결과에 따르면 알프스산맥이라고 합니다. 유럽 대륙의 중심부를 가로지르는 알프스산맥은 만년설로 뒤덮인 경관이 아름답기로 유명해서, 많은 관광객이 방문해요. 그런데 이 아름다운 풍경이 하루가 다르게 바뀌고 있어요. 지구가 더워지는 바람에 알프스의 눈이 빠르게 녹고 있기 때문이에요.

게다가 얼마 전, 과학자들이 알프스에 쌓인 눈에서 나노 플라스틱을 발견했어요. 공기 중의 미세 플라스틱이 눈에 섞여 '나노 플라스틱 눈'으로 내린 거예요. 나노 플라스틱은 미세 플라스틱 중에서도 입자가 1마이크로미터 이하인 것을 말해요.

저 높은 설산의 청정 지역에서조차 발견되는 플라스틱은 도대체 언제부터 사용되었는지, 왜 폭발적으로 사용량이 늘었는지, 플라스틱으로 인한 환경 오염 피해는 얼마나 심각한지 이제부터 알아봅시다.

만년설에서 발견된 가짜 눈

에베레스트산 정상 근처에 쌓인 눈에서 아크릴과 나일론 성분의 미세 플라스틱이 발견되었어요. 아크릴과 나일론은 등산복을 만드는 합성 섬유예요. 알프스를 찾은 등산객들이 쓰레기를 모두 가지고 가더라도, 그들의 등산복에서 떨어져 나온 플라스틱 섬유가 흔적을 남기는 거지요.

이제는 플라스틱이 없는 자연 그대로의 청정 지역은 정말 찾아보기 힘든 것 같아요. 알프스나 에베레스트산뿐 아니라 남극의 빙하, 북극의 눈에서도 미세 플라스틱이 발견되니까요. 하늘에서 내리는 비, 지하수와 수돗물, 생수에서도 미세 플라스틱이 나왔다는 뉴스는 이제는 새롭지도 않아요. 우리나라 4대강 수계 정수장에서도 미세 플라스틱이 검출된 적이 있다고 하니, 마냥 먼 나라의 이야기만은 아니에요.

심지어 우리 몸 안에서도 발견된다고 해요. 네덜란드의 암스테르담 자유 대학교 연구 팀의 연구 결과에 따르면, 혈액 표본 77퍼센트에서 미세 플라스틱이 발견되었어요. 절반 이상의 표본에서 페트[PET] 플라스틱이 확인되었고, 폴리스티렌[PS], 폴리에틸렌[PE] 순으로 많이 검출되었어요. 페트는 음료나 생수를 담는 용기에, 폴리스티렌은 컵라면이나 요구르트병에, 폴리에틸렌은 비닐봉지_{저밀도 폴리에틸렌}와 각종 용기_{고밀도 폴리에틸렌}에 많이 사용되는 재료예요.

이처럼 우리가 일상에서 사용하는 플라스틱은 재활용 쓰레기로 분리배출을 해도 완전히 사라지지 않아요. 우리가 마시는 물, 배달 음식, 비닐봉지를 통해 우리 몸 안으로 다시 들어오지요.

언제부터 사용한 거야?

최초의 플라스틱은 코끼리 상아로 만든 당구공을 대체하기 위해서 만들어졌어요. 1860년대 무분별한 밀렵_{허가 없이 몰래 사냥하는 행위}으로 코끼리 상아를 구하기 어려워지자 이를 대체하기 위해 셀룰로이드라는 물질이 개발되었어요. 이 물질은 열을 가하면 자유롭게 모양을 만들 수 있었고, 열이 식으면 상아처럼 단단하게 변했지요. 그런데 깨지기 쉬운데다 폭발 사고가 가끔 발생한다는 단점이 있었어요. 그래서 당구공으로 활용하기는 어려웠어요.

이러한 단점을 보완해 1900년대에 최초의 합성 플라스틱인 베이클라이트가 만들어졌어요. 전기 화학 회사를 운영하던 레오 베이클랜드가 페놀과 포름알데히드를 이용해 단단하고 전기가 통하지 않으며 부식되지 않는 물질을 만들었는데, 이것이 바로 플라스틱의 시초인 베이클라이트예요.

지금도 많이 쓰이는 폴리에틸렌은 1933년에, 나일론은 1937년에 개발되었어요. 1939년 뉴욕 만국 박람회세계 여러 나라가 참여해 각국의 생산품을 합동으로 전시하는 국제 박람회에서 최초의 인조 섬유로 나일론이 소개되었고, 1940년 미국의 화학 회사 듀폰Dupont이 나일론 스타킹을 출시했지요. 나일론 스타킹은 이전에 사용했던 실크 스타킹보다 튼튼하고 가격도 저렴했어요. 나일론 스타킹이 폭발적인 인기를 끌자 이후 듀폰은 스타킹 외에도 양말, 속옷, 등산용 재킷 등 각종 나일론 제품을 만들었어요. 1941년 제2차 세계대전이 발발하면서 스타킹 생산은 중단되었지만, 스타킹을 만들던 나일론은 낙하산, 방탄복, 텐트 등 군용 제품에 사용되기 시작했지요.

　1950년대 이후 나일론은 밧줄, 해먹, 낚싯줄 등 다양한 제품의 원료로 사용되었어요. 전쟁이 끝나기 전까지 플라스틱을 가장 많이 사용한 곳은 군대였지만, 전쟁 이후부터는 포장재 시장이 그 역할을 맡았어요. 유리처럼 재사용할 수 있는 포장재에서 일회용 포장재로 바뀌면서 일회용품 산업도 급속히 커졌지요. 플라스틱은 유리보다 싸고 가벼운 데다 깨지지도 않았어요. 사람들이 플라스틱 포장재를 선호한 건 너무 당연한 일이었지요.

없는 데가 없는 플라스틱

플라스틱은 정말 안 쓰이는 곳이 없는 것 같아요. 그렇지 않나요? 가전제품, 건축 자재, 자동차 부품에도 플라스틱이 사용되고, 한 번 쓰고 버리는 포장재나 일회용품도 거의 다 플라스틱이에

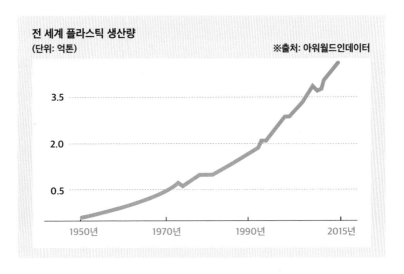

전 세계 플라스틱 생산량
(단위: 억톤)　　　　　　　　　　　　　　　※출처: 아워월드인데이터

3.5

2.0

0.5

1950년　　　1970년　　　1990년　　　2015년

요. 플라스틱 포장재 사용 기한은 평균적으로 6개월을 넘지 않아요. 국제 환경 보호 단체인 그린피스의 조사에 따르면, 가정에서 나오는 플라스틱 쓰레기의 70퍼센트가 식품 포장재라고 해요. 평소에 즐겨 먹는 과자, 음료수, 라면이 어떻게 포장되어 있는지 한번 생각해 보면 아마 고개를 끄덕이게 될 거예요.

전 세계 플라스틱 생산량은 1950년 200만 톤에서 2017년 3억 4,800만 톤으로 급증했어요. 환경에 관한 유엔의 활동을 조정하는 국제기구인 유엔환경계획UNEP은 2040년까지 플라스틱 생산량은 2배, 쓰레기양은 3배 늘어날 것으로 전망해요. 심지어 2050년에는 바다에 물고기보다 플라스틱이 더 많아질 수도 있다고 하고요. 그동안 사용한 플라스틱의 재활용률이 9퍼센트에 불과하다는 사실 아래 그려지는 미래는 그다지 희망적이지 않습니다.

잠깐 유용하고 영원히 유해한 플라스틱

플라스틱은 세기의 발명품인 동시에 최악의 재료라고도 불려요. 우리에게 많은 편리함을 주었지만, 심각한 환경 문제도 가져왔거든요. 플라스틱은 자연에서 분해되지 않기 때문에 그동안 땅에 묻거나 불에 태워서 처리했어요. 그러나 이제는 더 이상 묻을 땅도, 태울 소각 시설도 부족해 한계점에 다다랐어요. 버려진 플라스틱이 생물에게 끼치는 피해뿐 아니라 인간의 건강에 미치는 영향을 줄이기 위해서는 지금처럼 플라스틱 사용에 관대해선 안 될 거예요. 우리가 사용하는 플라스틱의 문제가 무엇인지, 그리고 이를 해결할 수 있는 대안이 있는지 함께 알아봅시다.

건강을 위협하는 플라스틱

플라스틱으로 물건을 만들 때는 각종 첨가제를 사용해요. 최종 제품의 쓰임새에 맞는 모양과 특성을 위해서죠. 예를 들어 좀 더 단단하게 만들고 싶다거나, 쉽게 분해되지 않게 만들고 싶다거나 또는 불이 붙지 않게 만들고 싶다면 그에 맞는 첨가제를 사용합니다. 그런데 이 첨가제 중에서 프탈레이트와 비스페놀-A는 대표적인 내분비계 교란 물질, 즉 '환경 호르몬'이에요. 플라스틱을 사용할 때 우리 몸으로 흡수되는 환경 호르몬은 인간의 정상적인 호르몬 작용을 방해해 기형, 생식 기능 저하, 발달 장애, 암 등을 유발한다고 알려져 있어요.

환경 호르몬

동물 또는 사람의 몸에 들어가 호르몬인 척하면서 진짜 호르몬의 작용을 방해하고 어지럽히는 물질을 통틀어 일컫는 말이다. 정식 명칭은 '내분비계 교란 물질'이다.

프탈레이트는 플라스틱을 부드럽고 투명하게 만드는 데 필요한 첨가물이에요. 식품 포장재, 일회용기, 물병, 화장품 용기 등 많은 제품에 쓰이지요. 그런데 이 프탈레이트가 아이들에게 노출되면 자폐나 과잉 행동 장애ADHD와 같은 발달 장애를 유발할 수 있다고 해요. 그뿐만 아니라 엄마 배 속의 태아가 프탈레이트에 노출되면 출산 후에 아토피 피부염처럼 아이의 정상적인 성장을 방해하는 질병에 걸릴 위험이 높다고 합니다.

비스페놀-A는 갑상선 호르몬의 작용을 방해하고, 아기와 어린이의 성장에 나쁜 영향을 끼친다고 알려져 있어요. 지난 2010년 아기 젖병에 들어 있는 비스페놀-A가 유방암과 전립선암을 유발한다는 연구 결과가 나온 이후 젖병에 비스페놀-A 사용이 금지되었어요. 2020년부터는 모든 영유아용 플라스틱 기구나 용기에 비스페놀-A 사용이 금지되었고요. 영국 런던의 브루넬 대학교 연구 팀은 150가지의 화학 물질이 플라스틱병에서 음료로 녹아들었다는 연구 결과를 발표했어요. 플라스틱에 포함된 화학 물질은 건강에 미치는 영향이 이처럼 크기 때문에 최대한 사용량을 줄이고, 쓰더라도 안전하게 쓸 수 있어야 해요.

일회용품, 순식간에 지구를 뒤덮다

1955년 미국의 시사 잡지 <라이프>는 일회용품으로 행복해하는 사람들의 모습을 사진에 담았어요. 수많은 일회용품을 공중에 던지며 환호하는 사람들의 모습이지요. 기사 제목은 'Throwaway Living', 즉 '한 번 쓰고 버리는 생활'이에요. <라이프>는 일회용품 쓰는 생활을 현대적인 생활 방식이라고 소개했어요. 일회용품을 사용하면 시간을 절약하고 생활에 편리함을 가져다줄 거라고 강조했지요.

빠르고 쉽게 만들 수 있는 데다 가볍고 튼튼하기까지 한 플라스틱은 철, 유리와 같은 천연 소재를 대체하기 시작했어요. 많이

Throwaway Living

DISPOSABLE ITEMS CUT DOWN HOUSEHOLD CHORES

"일회용품이 집안일을 줄여 준다!" 이때만 해도 플라스틱 쓰레기로 지구가 앓게 될 줄은 몰랐을 거예요.

쓰레기 없는 지구를 만든다면

생산되고 많이 소비되었지요. 기업은 이렇게 빨리 쓰고 빨리 버리는 생활이 지속되면 물건을 계속 만들 수 있으니 평생 고객을 갖게 될 거라고 믿었어요. 오래가는 고품질의 제품에 투자하는 대신 한 번 쓰고 버리는 제품을 많이 만든 결과, 100년이 채 되기도 전에 지구는 일회용품에 뒤덮이게 되었지요.

코로나19 팬데믹 이후 포장재와 일회용품 사용량이 더 빨리 늘고 있어요. 배달 음식 서비스와 온라인 쇼핑 이용량이 폭발적으로 늘었거든요. 배달 음식 거래액은 월 2조 원에 달하며, 플라스틱 배달 용기는 매달 약 3억 개가 발생한다고 해요. 2021년 택배 물동량은 36억 3,000만 개로, 한 사람이 1년 동안 택배를 이용하는 횟수는 무려 70.3회에 이르고요. 택배 상자, 포장용 비닐, 아이스팩까지 우리가 온라인 쇼핑몰에서 '주문하기' 버튼을 클릭할 때마다 일회용 쓰레기도 차곡차곡 쌓여 가고 있어요.

지금 세계는 플라스틱 다이어트 중

생산되는 플라스틱의 99퍼센트는 화석 연료로 만들어져요. 그러니까 플라스틱 사용량이 늘어난다는 건 곧 화석 연료 사용량이 늘어나는 걸 의미하겠죠? 그런데 이 화석 연료는 대표적인 온실가스 중 하나인 이산화탄소를 많이 배출하기 때문에 지구 환경에 나쁜 영향을 끼쳐요. 게다가 사용하고 버린 플라스틱을 제대로 처리하지 않으면 수십~수백 년 동안 산이나 바다에 방치되어 지

> **화석 연료**
>
> 땅속에 묻힌 동물이나 식물이 오랫동안 높은 열과 압력을 받아 만들어진 연료다. 오늘날 주요 에너지원으로 쓰이는 석유, 석탄, 천연가스가 대표적이다. 화석 연료를 태울 때 나오는 이산화탄소는 지구 온난화를 일으키는 가장 큰 원인이다.

속적인 오염을 일으키지요.

이러한 문제를 해결하기 위해 세계 각국은 일회용 플라스틱 제품을 덜 쓰도록 노력하고 있습니다. 유럽 연합은 일회용 플라스틱 사용 지침을 만들어 2021년 7월부터 플라스틱 면봉, 식기류, 풍선 막대 등 10개 품목의 사용을 금지했어요. 프랑스는 크기가 기준보다 작은 채소의 플라스틱 포장을 금지했고, 공공건물에는 식수대를 반드시 설치하도록 했고요. 영국은 재생 가능한 물질이 30퍼센트 이하로 포함된 제품에 대해 '플라스틱세'를 내도록 했어요. 독일은 2025년까지 일회용 페트병을 만들 때 의무적으로 재생 원료 25퍼센트를 사용해야 하고요. 미국과 캐나다는 주요 도시에서 비닐봉지 같은 일회용품 사용을 금지하고 있어요.

우리나라도 이제 대형 마트에서는 일회용 비닐봉지를 사용할 수 없고, 카페 매장에서도 일회용 컵을 사용할 수 없어요. 2022년부터는 음료를 젓는 플라스틱 막대와 우산 비닐 사용도 금지했어요. 이처럼 많은 나라가 플라스틱 사용량을 줄이기 위해 노력하고 있어요. 물론 이러한 제도와 시민의 노력은 무척 중요하지요. 하지만 애초에 플라스틱 생산량을 줄이지 않는다면 문제

식수대에서 개인 물병에 물을 담아 가거나 컵 없이 물을 마실 수 있어요. 페트병 생수와 종이컵 사용량을 줄이는 효과가 있지요.

를 근본적으로 해결하기는 어려워요. 그러므로 플라스틱을 생산해 이익을 얻는 기업들도 적극적으로 책임져야 해요. 분리배출과 재활용으로 해결할 수 있다며 시민에게 모든 책임을 떠넘겨서는 안 되겠지요.

한 번 쓰고 버리지 않으려면

한 번 쓰고 버리는 것은 참 편리해요. 물병을 갖고 다니기보다 페트병에 담긴 생수를 사 먹고 버리는 것이 익숙하고요. 이처럼 한 번 쓰고 버리도록 만들어진 일회용품은 짧게는 몇 분, 길어도 하루 만에 거의 버려집니다. 배달 음식과 함께 온 일회용 수저, 음료를 마실 때 사용한 빨대, 편의점에서 산 물건을 담은 비닐봉지, 투표하기 위해 사용한 비닐장갑, 여행지 숙소에서 사용한 일회용 칫솔, 야구장에서 사용한 응원 막대 등 많기도 하지요.

과자, 라면 등의 식품 포장재는 거의 뜯는 동시에 버려져요. 대형 마트에 진열된 과일을 담은 플라스틱 용기도, 편의점에서 판매하는 도시락 용기도 불과 몇 분 만에 쓰레기가 되지요. 한 번 사용하고 버리지 않으려면 우리의 생활 방식이 달라져야 합니다. 재사용할 수 있는 장바구니와 텀블러를 갖고 다니는 것은 일상생활에서 일회용품을 줄이는 좋은 방법이에요.

독일의 슈퍼마켓은 비닐봉지 대신 세탁할 수 있고 재사용할 수 있는 망사 가방을 제공한다고 해요. 프랑스는 소비자가 직접

망사 가방은 아무것도 안 넣으면 부피가 작아서 들고 다니기 편하고, 장 볼 때 잘 늘어나고 튼튼해서 많은 양을 담을 수 있어요.

가져온 용기에 곡물이나 세
제, 샴푸를 담아서 파는 방
식을 적극적으로 도입하고
있고요. 특히 중대형 마트는
2030년까지 전체 진열 공간
의 20퍼센트 이상을 리필제

생활 협동조합

생산자로부터 물건을 싼 가격에 직접
살 목적으로 소비자들이 모여서 만든
협동조합이다. 줄여서 '생협'이라고 부
른다. 생산자와 소비자와의 직거래를
통해 중간 마진을 없앤 것이 특징이다.

품 또는 내용물만 소비자가 가져온 통에 담아서 팔도록 했어요.
우리나라의 생활 협동조합 중 하나인 한살림은 공병을 재사용해
요. 잼이나 젓갈 같은 제품을 포장할 때 여섯 종류의 유리병을 사
용하는데, 소비자가 병을 반납하면 씻어서 재사용한다고 해요.

그렇다면 우리는 어떤 선택을 할 수 있을까요? 여러분이 최근
일주일 동안 사용했던 일회용품을 생각나는 대로 적어 보세요.
그리고 줄일 방법을 한번 생각해 보세요. 학교, 학원, 동아리, 교
회 등 여러분이 머무는 공간에서 할 수 있는 것들을 찾아보고, 친
구들과 함께 조금씩 실천해 보면 어떨까요?

한살림은 잼이나 젓갈 같은 제품을 포장할 때 병을 깨끗하게 씻고 소독해서 재사용해요.

내가 입은 옷이 플라스틱?

바닷가에 쓰레기를 주우러 간 적이 있어요. 해변에서 모래를 채반에 걸러 보니 모래는 빠져나가고 형형색색의 작은 조각들이 채반에 남았지요. 알록달록한 조각들이 화려하고 예쁘더라고요. 그 조각들이 낯설지 않게 느껴진 건 일상에서 쉽게 보는 플라스틱이기 때문일까요?

　바다에는 조개껍데기만 있는 게 아니었어요. 라면 봉지, 페트병, 담배꽁초, 신발 등 쓰레기가 가득했고, 줍기 시작한 지 한 시간 만에 큰 포대 하나를 다 채울 수 있었어요. 쓰레기가 크면 눈에 띄어서 주울 수라도 있지만, 채반에 걸러진 작은 플라스틱은 찾기도 치우기도 어려워요. 이 작은 플라스틱 조각들은 도대체 어디서 온 걸까요?

모래사장? 플라스틱 사장!

경치가 손꼽히게 아름다운 매물도는 경남 통영시 한산면에 있는 섬이에요. 자연 경관뿐 아니라 해양 생태계 보전 가치가 뛰어나 우리나라 최초의 해상 국립공원인 한려해상 국립공원으로 지정되었지요. 멋진 풍경을 감상하면서 해변 쪽으로 가보았어요. 그런데 금빛 모래사장이 펼쳐져 있어야 할 해변에 웬 쓰레기가 가득한 거 있죠? 페트병, 고추장 통, 신발, 의자, 밧줄, 심지어 냉장고와 자동차 타이어까지… 다 일상에서 사용한 물건들이었어요.

바다를 관리하고 개선하는 기관인 해양환경공단은 우리나라 바다에 쓰레기가 얼마나 있는지 매년 조사하고 발표합니다. 2021년 '해안 쓰레기 모니터링 보고서'에 따르면 전체 쓰레기 개수의 85.3퍼센트, 무게의 70.1퍼센트가 플라스틱이에요. 가장 많이 발견된 플라스틱 쓰레기는 스티로폼 파편과 스티로폼 부표였고 밧줄, 음료수병, 각종 뚜껑 순으로 발생량이 많았어요. 스티로폼 파편은 고기잡이용 부표 또는 택배 상자로 사용된 것이고, 음료수병과 각종 뚜껑은 제대로 처리되지 못해 바다로 흘러든 거예요. 이 쓰레기들이 밀물과 썰물이 오갈 때마다 바다에 휩쓸리고 쌓이기를 반복하며 작게 부서져 미세 플라스틱이 되는 거예요.

미세 플라스틱은 우리나라 해안 전체에서 발견됩니다. 우리 바다 1제곱미터당 미세 플라스틱 오염도는 해외 평균보다 8배 높은 상황일 정도로 심각해요. 수면 위를 떠다니던 미세 플라스틱이 해저로 가라앉으면 산호초에 들러붙게 되는데, 이 들러붙은 미세 플라스틱이 산호 조직을 파괴해 괴사가 일어나면 다시 회복할 수 없어요. 산호는 바다 생물이 서식할 수 있는 환경을 만드는 중요한 역할을 하므로 해양학자들의 걱정이 커요.

일상에 스며든 미세 플라스틱

제주도 해변에서도 채반에 모래를 걸러 보았어요. 그러자 역시나 모래는 빠져나가고 동그란 투명 알갱이가 남았어요. 이 투명 알갱이는 플라스틱 원료인 펠릿pellet인데, 크기는 쌀알만 해요. 이처럼 작은 플라스틱 중에서도 지름 5밀리미터 미만의 플라스틱 입자를 미세 플라스틱으로 구분해요.

제품의 원료로 사용할 때처럼 의도적으로 작게 만든 플라스틱 알갱이2~5밀리미터를 '1차 미세 플라스틱'이라고 하는데 보통 치약, 화장품, 세안제에 들어가요. 이와 달리 플라스틱 파편이 떨어져 나와 자연적으로 풍화·마모된 5밀리미터 이하의 미세 플라스틱을 '2차 미세 플라스틱'이라고 해요. 이 2차 미세 플라스틱이 1차 미세 플라스틱보다 훨씬 많이 생겨요. 포장재, 장난감, 음료수병, 섬유 같은 일상용품과 그물, 밧줄, 부표 같은 어업·양식업 용품, 비닐 필름과 같은 농업용품, 그리고 연마제와 같은 산업용품 등이 닳거나 부서져서 2차 미세 플라스틱이 되지요.

심지어 공기 중에도 미세 플라스틱이 있어요. 주로 도로에서

미세 플라스틱은 보통 큰 플라스틱이 쪼개지고 마모되어 생겨납니다.

발생하는데, 대부분 자동차 타이어가 도로와 마찰하면서 발생한 거예요. 타이어가 마모되어 생긴 미세 플라스틱은 빗물을 타고 하천을 거쳐 결국 바다로 흘러듭니다.

미세 플라스틱은 섬유에서도 많이 나와요. 우리가 입는 옷의 원료 대부분은 플라스틱이거든요. 옷의 원단인 폴리에스터, 아크릴, 나일론은 플라스틱을 가공한 합성 섬유예요. 세탁할 때 옷들이 서로 엉키고 부딪히면서 미세 플라스틱이 발생해요. 합성 섬유로 만든 옷 한 벌 세탁할 때마다 약 1,900개 이상의 미세 섬유 조각이 생기며, 그중 일부는 너무 작아서 세탁기에서 거르지 못하고 바로 배수구로 배출돼요. 이렇게 배출된 미세 플라스틱은 하수 처리 시설에 모이고, 결국 바다로 흘러들지요.

일주일에 신용 카드 한 장씩 먹는다고?

밥상에 플라스틱 반찬이 올라온다고? 상상만 해도 눈을 질끈 감게 될 거예요. 그러나 우리는 모르는 사이 이미 미세 플라스틱을 먹고 있어요. 자연 보호를 위한 국제 비정부 기구인 세계자연기금WWF은 한 사람이 일주일에 미세 플라스틱을 신용 카드 한 장 무게인 5g씩 먹고 있다는 연구 결과를 발표했어요.

우리는 다양한 경로로 미세 플라스틱을 먹습니다. 경남 양식장과 인근 바다에 사는 굴, 게, 담치, 지렁이의 몸에서 미세 플라스틱이 검출되었어요. 세계 21개국의 소금 90퍼센트 이상이 미세

한려해상 국립공원에 부표, 그물, 스티로폼 파편, 음료수병 등 각종 쓰레기가
가득한 모습이에요.

플라스틱에 오염되었는데 그중에서도 중국, 인도네시아 등 아시아산 소금의 오염도가 가장 높았고요. 국내 정수장 물, 수돗물 병입수플라스틱병에 담은 수돗물, 먹는 샘물에서도 미세 플라스틱이 검출된 적 있어요. 폴리에틸렌으로 코팅된 일회용 종이컵에 뜨거운 물을 담았을 때도, 플라스틱 재질로 된 티백을 온수에 넣었을 때도 꽤 많은 양의 미세 플라스틱이 확인되었어요.

바다와 강에 흘러든 미세 플라스틱을 물고기가 먹이로 잘못 알고 먹으면 물고기 몸속에 상처를 내거나 내장 기관에 쌓입니다. 플랑크톤뿐 아니라 굴, 홍합, 따개비, 바닷가재 등 바다나 하천 바닥에 사는 저서생물과 고래에 이르기까지 다양한 해양 생물에게 미세 플라스틱이 쌓이고 있어요. 그렇다면 해양 생물을 먹는 인간에게도 미세 플라스틱이 흡수되겠지요? 미세 플라스틱은 소화관 내벽을 통과할 수 있고 체내 조직에 흡수되어 장기에 나쁜 영향을 줘요. 심지어 암을 유발하고 면역력을 떨어트린다는 연구 결과도 발표되었어요.

미세 플라스틱을 줄이려면

미세 플라스틱의 피해를 줄이고 싶다면 플라스틱을 최대한 안 쓰는 수밖에 없어요. 우선 1차 미세 플라스틱인 미세 플라스틱 알갱이를 원료로 사용하지 말아야 해요. 우리나라는 2017년부터 화장품과 치약 등 몇몇 제품에 대해 미세 플라스틱 사용을 금지

뚜껑 일체형 병은 소비자가 병을 재활용할 때 뚜껑도 빼먹지 않게 해, 바다로 유입되는 플라스틱을 줄여 줍니다.

했어요. 2021년부터는 세정제, 제거제, 세탁 세제, 표백제, 섬유 유연제 이렇게 5개 품목에 대해서도 미세 플라스틱 사용을 금지했고요.

자연적으로 작게 쪼개져서 생기는 2차 미세 플라스틱은 우리가 주워서 처리할 수 없어요. 그러므로 애초에 플라스틱이 바다로 흘러가지 못하게 막아야 해요. 이를 위해 유럽 연합은 2024년부터 페트병과 뚜껑이 분리되지 않는 일체형 병을 의무화하기로 했어요. 코카콜라 영국 지사는 뚜껑 일체형 페트병 제품을 2022년에 출시했고, 우리나라 서울시의 병입 수돗물인 아리수도 같은 해에 일체형 마개를 도입했어요.

대표적인 전자 상거래 기업인 쿠팡은 재사용이 가능한 배송 상자로 신선식품을 배달해요. 원래 생선이나 채소처럼 신선한 상태를 유지해야 하는 식품은 보통 스티로폼 박스에 넣어 배달했는데, 쿠팡은 2020년부터 스티로폼 박스 대신 '친환경 프레시백'을 도입했어요. 택배 기사가 프레시백에 배송할 식품을 담아 집 앞에 두면, 소비자는 내용물을 꺼낸 뒤 다시 프레시백만 집 앞에 둡니다. 그러면 기사가 수거해 가는 방식이지요. 쿠팡 측의 보도에 따르면 프레시백 도입 후 2021년 한 해에 스티로폼 상자 사용을 약 1억 개나 줄였다고 해요.

프랑스는 미세 플라스틱을 줄이기 위해 2025년부터 출시되는 세탁기에 '플라스틱 미세 섬유 필터 장치'를 반드시 장착하게 했

재사용할 수 있는 쿠팡의 프레시백은 스티로폼 상자 사용량을 줄였어요.

어요. 이처럼 개인의 실천만큼 중요한 것이 바로 기업과 정부의
활동이에요. 미세 플라스틱이 덜 발생하도록, 미세 플라스틱으로
인한 피해가 없도록 기업이 시스템을 만들고 정부가 정책을 만
들어야 합니다.

친환경의 탈을 쓴 그린워싱

날씨가 더워지니 생수를 주문하는 횟수가 많아졌어요. 클릭 몇 번 만에 생수는 현관 앞으로 배송되지요. 물을 쉽고 빠르게 마시는 편리함을 얻었지만, 가득 쌓인 페트병을 보니 마음이 무겁네요. 역시 제로웨이스트는 쉽지 않습니다. 그래도 페트병은 재활용된다고 하니 다행이에요. 다 마신 생수병은 라벨을 떼고 잘 구겨서 분리배출함에 넣었어요. 다른 건 몰라도 투명 페트병만큼은 잘 재활용되고 있겠죠?

중요한 건 오래 쓰는 마음

얼마 전 친구가 다 쓴 페트병을 재활용해 만들었다는 티셔츠를 샀어요. 디자인도 맘에 들었지만, 페트병을 재활용한 옷이라서 사게 되었다고 해요. 환경에 도움이 될 거라는 이유에서죠. 이처럼 물건의 가성비만이 아닌 가치를 따져서 소비하는 것을 '가치 소비'라고 합니다. 정당한 노동의 대가를 지급한 공정 무역 커피, 아동을 학대하지 않고 만든 축구공, 동물 실험 없이 만든 화장품을 구입하거나 탄소 마일리지가 적은 지역 농산물을 구매하는 것 등을 가치 소비 사례로 꼽지요. 환경 분야에서는 플라스틱 사용량을 줄여서 만든 제품, 버린 물건을 재활용해 새롭게 만든 업사이클링 제품이 인기가 많아요.

우리가 따로 모아서 배출한 투명 페트병은 옷이나 가방, 신발을 만드는 섬유로 사용할 수 있어요. 그러나 페트병을 섬유로 한 번 재활용해서 옷을 만들면, 그 옷을 또 재활용할 수는 없어요. 옷을 다시 실로 만들기는 어렵거든요. 그러니까 페트병을 옷이나 신발로 만들면 재활용이 한 번으로 그치는 셈이죠.

KBS 환경 다큐멘터리 <옷을 위한 지구는 없다>에 따르면 전 세계적으로 매년 생산되는 옷 1,000억 벌 중 같은 해에 버려지는 옷이 330억 벌이라고 해요. 심지어 한 번도 입지 않고 버려지는 옷이 12퍼센트나 되고요. 그간 옷 만드는 회사들은 팔릴 양보다 많이 생산하고, 팔리지 않은 옷들은 태워서 버렸어요. 필요한 만큼만 생산하는 노력이 중요하고, 또 시급합니다.

그럼 페트병을 재활용해서 만든 티셔츠는 과연 친환경일까요? 재활용 원료를 사용했다는 점에서 친환경일 수 있어요. 그렇지만 그 티셔츠를 다시 재활용할 수는 없기에 친환경이 아닐 수도 있지요. 중요한 것은 쓰레기로 버리기 전에 물건을 얼마나 오랫동안 쓸 것인가예요. 예뻐서 산 에코백을 몇 번만 사용하고 만다면 한 번 쓰고 버리는 일회용품과 다를 바 없으니까요. 그러므로 재활용하는 것보다 물건을 오래 사용하는 것이 더 중요합니다.

친환경이라는 가면

그린워싱green washing이란 실제로는 친환경이 아니지만 친환경인 것처럼 세탁한다는 뜻으로, 겉으로만 친환경 경영을 하는 척하며 경제적 이익을 얻으려는 기업의 행위를 말합니다. 대개 상품이 친환경인 것처럼 과장 광고하거나 허위로 꾸며 부당한 이익을 취하는 것으로, 우리말로는 '위장 환경주의'라고 해요.

그린워싱은 매우 다양하고 광범위하게 나타나요. 재생 에너지를 이용해 제품을 만든다고 하지만 제품 수명은 연장하지 않는 휴대폰 회사, 화석 연료를 주원료로 사용하면서 재생 에너지에 일부 투자하겠다고 하는 자동차 회사와 정유 회사, 천연 성분이 1퍼센트 미만인데도 천연 제품이라고 광고하는 화장품 회사, 지속 가능한 알루미늄을 위해 여러 재활용 정책을 펼치고 있다고 홍보하지만 실제 재활용률은 29퍼센트에 그친 커피 캡슐 회사 등 일부의 내용만으로 친환경을 내세워 구매자를 현혹하지요.

한 커피 전문점에서 일회용품 사용 줄이기 캠페인을 진행한 적이 있어요. 선착순으로 한정판 '리유저블reusable, 재사용할 수 있는 컵'에 음료를 담아 주는 이벤트였죠. 이 커피 전문점은 일회용 컵 사용을 줄이자는 친환경 메시지를 전달하기 위해 이벤트를 기획했다고 말했어요. 하지만 결과적으로 이 이벤트를 위해 수십만 개의 플라스틱 리유저블 컵을 생산해야 했고, 이를 두고 과연 친환경 이벤트였는지에 대한 사람들의 비판이 쏟아졌어요. 한정판이다 보니 일부 시민은 이 컵을 받기 위해 먹지도 않을 수십 잔의 음료를 주문해 음료는 다 버리기도 했어요. 일회용 컵을 안 쓰게 하는 목적이었다면 텀블러 할인 혜택을 늘리는 게 더 낫지 않았을까요? 리유저블 컵을 추가로 생산할 필요도 없고, 집에서 잠자고 있는 텀블러를 갖고 나오기만 하면 되니 말이에요.

한 화장품 회사의 제품이 그린워싱이라고 비판받은 적도 있어요. '나는 종이로 만든 병이에요'라고 적힌 화장품 용기를 보고 사람들은 플라스틱을 줄이기 위한 노력이라고 생각하고 칭찬했어요. 그런데 그 칭찬은 곧 비판으로 바뀌었는데, 그게 사실은 플라스틱 용기 겉면을 종이로 감싼 것이었기 때문이에요. 그 회사는 재활용을 위해 인쇄하지 않은 무색 용기를 사용했다고표면에 인쇄하거나 색을 넣으면 재활용 품질이 떨어지기 때문 주장했지만, 정말로 환경을 생각했다면 굳이 눈속임을 하려고 종이로 감쌀 필요는 없었을 거예요.

종이로 만들어서 친환경이라고 홍보하는 물티슈 회사도 있어요. 종이 물티슈는 수압과 미생물로 자연 분해되기 때문에 변기에 버려도 문제가 없고, 강과 바다로 흘러들기 전에 녹아버려 해양 생물이 미세 플라스틱으로 고통받지 않는다고 그 회사는 홍보했어요. 그러나 물티슈의 친환경성을 인증하는 공식 기관은 없기 때문에 완전히 신뢰할 수는 없어요. 전문가들은 재활용하지 않는 이상 모든 쓰레기는 환경에 부담을 주기 때문에 공식 인증이 없는 것이라고 말합니다. 진짜 친환경을 선택하는 것은 결국 소비자의 몫인 거죠.

생분해 플라스틱의 오해와 진실

최근 많은 기업이 ESG 경영이라고 하면서 플라스틱 대신 종이로 포장재를 대체하고, 에코백을 기념품으로 나눠 줍니다. 그렇지만 포장재를 어떤 원료로 만들든 그것을 만드는 과정에서는 탄소를 배출하며 에너지를 사용할 수밖에 없어요. 사용 후에는 땅에 묻거나 불에 태우는데, 이 또한 토양과 대기에 나쁜 영향을 미치고요.

그럼 자연에서 썩는 생분해 플라스틱 봉투는 어떨까요? 생분해 플라스틱은 미생물에 의해 빨리 분해되도록 만든 플라스틱이에요. 널리 사용되는 PLA는 옥수수나 사탕수수 등으로 만든 생분

> **ESG**
>
> 환경Environment, 사회Social, 지배 구조 Governance를 함께 일컫는 말로써 기업이 친환경, 사회적 책임, 지배 구조 개선에 있어서 투명하게 경영해야지만 지속해서 발전하고 생존할 수 있다는 개념을 담은 단어다.

해 플라스틱인데 자연 원료를 사용한다는 점, 생산 과정에서 석유로 만든 플라스틱보다 에너지 소비량과 온실가스 배출량이 더 적다는 점에서 플라스틱의 대안으로 꼽히지요.

그러나 옥수수나 사탕수수를 재배할 때 사용하는 화학 비료와 살충제가 환경 오염을 일으킬 수 있어요. 게다가 생분해 플라스틱으로 만든 봉투나 컵은 일반 플라스틱과 비슷하게 생겨서 재활용품으로 버릴 가능성이 높고요. 그러면 같은 재질끼리 분류해야 하는 재활용 체계에 혼란을 줄 수 있습니다.

또한 생분해 플라스틱을 퇴비화할 수 있다고는 하지만, 그렇다고 아무렇게나 묻어 두면 안 돼요. 자연에서 썩는 조건, 즉 분해 조건을 갖춰야 하지요. 180일 동안 58±2℃가 유지될 때 90퍼센트 이상 생분해가 가능하다고 합니다. 생분해 플라스틱은 자연에서 분해되니까 막 쓰고 막 버려도 괜찮다고 한다면, 머지않아 일반 플라스틱처럼 심각한 환경 문제가 될 거예요.

우리나라는 국토 면적이 좁은 편이에요. 지금은 매립도 하고 소각도 하지만, 2030년부터는 전국 매립지에 쓰레기봉투를 직접 묻는 것을 금지할 예정이에요. 매립이 금지되면 재활용이 어려운 폐기물은 태워야만 해요. 결과적으로 생분해 플라스틱도 퇴비화 조건을 갖춰 처리되지 않는다면 태우는 길밖에 없어요. 과연 생분해 플라스틱이 플라스틱의 대체재가 될 수 있을까요?

그러므로 제품을 만들거나 소재를 개발할 때는 생산뿐만 아니라 소비하고 처리하는 모든 과정에서 환경에 어떤 영향을 미치는지 고려해야 합니다.

무분별한 소비는 NO!

가장 확실한 친환경 소비는 뭘까요? 바로 안 사는 거예요. 하지만 어떻게 안 살 수 있겠어요? 살면서 필요한 물건이 생기게 마련이므로 소비를 안 할 수는 없어요. 그러니 무조건 사지 않는 것이 아니라 불필요한 물건을 사지 않는 것이 중요하겠죠?

플라스틱 오염을 줄이기로 했다면 우선 플라스틱이 아닌 제품을 선택해 봅시다. 아크릴 수세미 대신 천연 수세미를, 플라스틱 용기에 담긴 샴푸보다는 고체 샴푸 바를, 플라스틱 칫솔 대신 대나무 칫솔을 선택할 수 있어요.

과일 상자를 보면 상자 안에서 과일이 상하지 않게 하려고 스티로폼 재질의 난좌를 사용하는데요, 요새는 종이로 된 난좌도 있어요. 그런데 종이 난좌는 스티로폼 난좌보다 만드는 곳이 적어 구하기 어렵고 더 비싸요. 한 사과 농장 주인이 환경을 위해 먼 거리의 공장에 직접 찾아가 종이 난좌를 구했던 노력이 알려지자 사람들은 이 농장을 응원했어요. 종이 난좌를 쓰는 사람이 많아지면 가격도 내려갈 테고, 그러면 더 많은 농가가 종이 난좌를 선택할 수 있을 거예요.

먹을 수 있는 접시나 컵을 쓰는 것도 좋은 방법이에요. 네덜란

과일을 안전하게 포장하기 위해 쓰는 난좌는 주로 스티로폼 재질을 많이 사용하지만,
최근에는 환경 보호를 위해 종이 난좌를 사용하는 곳이 늘고 있어요.

드의 한 항공사는 기내식용 먹을 수 있는 컵을 만들어 승객에게 제공했어요. 일본도 축제 때 생선 가루와 전분으로 만든 먹는 접시, 먹는 젓가락을 사용한 적이 있고요. 환경 단체인 녹색연합은 행사 때 뻥튀기를 접시로 활용해 다과를 담을 수 있도록 했어요. 동남아시아 식당에서는 바나나 잎을 음식 접시로 활용하기도 해요. 베트남에 진출한 롯데마트는 플라스틱 사용을 줄이기 위해 파, 오크라 등의 채소를 바나나 잎으로 포장해 판매해요.

미국에서는 추수감사절 다음 날인 금요일에 대규모 할인 행사를 하는데, 이날을 '블랙 프라이데이Black Friday'라고 해요. 1년 중 가장 큰 할인 기간이다 보니 꼭 필요하지 않은 데도 사게 되지요. 불필요한 소비는 결국 환경에 악영향을 미쳐요.

이처럼 환경 오염을 조장하는 블랙 프라이데이에 대응하기 위해 만들어진 것이 바로 '아무것도 안 사는 날Buy Nothing Day'입니다. 1992년 캐나다에서 처음 시작된 이 캠페인은 블랙 프라이데이와 같은 날에 진행되며, 이날은 무분별한 소비가 환경 오염과 자원 낭비에 미치는 영향을 돌아보자는 것이 목표입니다. 지금 인터넷 쇼핑몰 장바구니에 담아둔 물건이 있다면, 구매 버튼을 누르기 전에 꼭 필요한 물건인지 한 번 더 생각해 보는 게 어떨까요?

쓰레기를 줄이기 위해 일부 동남아 나라에서는 채소를 바나나
잎으로 포장해서 팔기도 해요

진로 찾기 **업사이클 디자이너**

재활용품을 새롭게 디자인하거나 활용도가 있는 제품으로 만들어 가치를 높이는 것을 업사이클upcycle이라고 해요. '개선하다'라는 뜻의 영어 단어 업그레이드upgrade와 '재활용하다'라는 뜻의 단어 리사이클recycle의 합성어지요. 업사이클링 소재로 주로 옷이 활용되는데, 옷은 세탁 후 재단해서 사용하므로 자원을 추가로 사용하지 않아 환경에 미치는 영향이 적어요.

1993년 스위스의 한 형제가 비가 오던 날 트럭 덮개로 쓰던 방수천을 보고 아이디어를 얻어 만든 가방 브랜드 프라이탁FREITAG이 대표적인 업사이클링 브랜드예요. 다 쓴 방수 천막을 수작업으로 재단해서 만들기 때문에 1년에 만들 수 있는 수량이 적고, 폐 천막의 모양이 다 다르다 보니 똑같이 생긴 가방이 없어요. 독특한 디자인과 희소성 때문에 비교적 비싼 가격에도 불구하고 많은 사람에게 사랑받고 있지요.

국내 가방 브랜드 119레오는 다 쓴 소방복을 활용해 업사이클링 가방을 만들어요. 소방관이 입는 방화복은 안전상의 이유로 3년이 지나면 폐기하는데, 1년에 1만 벌이 버려진다고 해요. 재질이 질기고 튼튼해서 생활용품의 소재로 사용하는 데 무리가 없지요. 폐방화복과 소방 호스, 다 쓴 군용 텐트와 낙하산은 가방, 모자, 지갑으로 다시 태어납니다.

빨간 양파망에 천을 덧대고 끈을 달면 멋진 파우치로 변신하고, 낡은 면 티셔츠를 잘라 엮으면 거실에 까는 러그를 만들 수 있어요. 나만 갖고 있다는 희소성과 더불어 재활용해서 만들었다는 환경 가치는 사람들에게 업사이클링의 매력을 어필합니다. 그래서 업사이클링 제품을 '세상에 하나뿐인 값진 쓰레기'라고도 해요.

업사이클링 제품이 만들어지기까지는 여러 단계가 필요합니다. 먼저 모인 재료를 분류해 세탁하거나 다듬어 원재료에 가깝게 1차 가공합니다. 그 다음 디자인과 콘셉트를 결정해 샘플을 만들고, 테스트를 거쳐 최종 제품을 만들지요. 일상생활에서 자주 사용하는 제품을 재활용했다면 활용도가 높아 의미가 더 큽니다.

업사이클링 디자이너가 되기 위해서는 패션이나 디자인 분야에 관심이 있으면 좋아요. 기존 제품을 재해석해 새로운 제품을 만드는 것에 흥미를 느낀다면 더더욱 좋고요. 업사이클 소재를 찾기 위해 주변을 관찰하고 아이디어를 얻는 것을 즐기거나, 소재의 특징에 대해 좀 알고 있으면 도움이 됩니다. 자신의 브랜드를 직접 만들 수도 있고, 업사이클링 회사에 입사해서 일할 수도 있어요.

최근 가치 소비의 하나로 업사이클링 제품에 대한 관심이 높아지고 있어요. 우리나라의 업사이클링 기업도 현재 약 450개 정도로 많아졌고요. 세계적으로도 성장 산업으로 평가받고 있으므로 관심이 있는 독자라면 도전해 보길 추천합니다.

"나는 플라스틱이 아니에요!I am not plastic!"

처음엔 비닐봉지에 쓰인 문구를 보고 의아했어요. 아니, 바스락 거리는 느낌이나 쉽게 찢어지지 않는 성질을 보면 영락없는 비닐 봉지인데 플라스틱이 아니라니. 알고 보니 이 봉지는 생분해 플라 스틱 봉지였어요. 생분해 플라스틱이란 미생물에 의한 분해가 빨리 진행되도록 만든 플라스틱을 말해요. 자연에서 분해되지 않는 일반 플라스틱과는 다르게 흙 속에서 미생물에 의해 몇 개월 또는 몇 년 이내에 물과 이산화탄소로 분해되지요.

또 식물을 원료로 만든 바이오매스 플라스틱도 있어요. 바이오 매스는 '생태계가 순환하는 과정에서 나오는 모든 유기체를 원료 로 사용하는 것'을 일컫는 말이에요. 곡물의 줄기, 부러진 나뭇가지,

동물의 배설물, 음식물 찌꺼기같이 그동안 버려지던 것들이 에너지 자원으로 새롭게 태어나는 거죠. 바이오매스 중에서도 가장 많은 비중을 차지하는 것이 바로 식물 자원이에요. 화석 연료는 한 번 쓰면 없어지지만 바이오매스는 식물을 기르면 다시 얻을 수 있으니 자연에서 손쉽게 구할 수 있지요. 보통 생분해 플라스틱과 바이오매스 플라스틱 이 2가지를 합쳐서 바이오 플라스틱이라고 불러요.

이처럼 식물을 활용해 플라스틱, 화학 제품, 바이오 연료를 생산하는 기술을 '화이트 바이오'라고 합니다. 원료가 되는 식물이 이산화탄소를 흡수하고, 생산 과정에서 이산화탄소를 적게 배출하므로 미래 친환경 사업으로 꼽히지요. 이미 글로벌 석유 화학 기업들은 화이트 바이오 산업으로 전환하고 있어요. 미국과 유럽은 생분해 플라스틱 연구와 개발을 적극적으로 지원하고 있고요.

우리나라도 화이트 바이오 산업이 활발해질 전망이에요. 현재 중소기업을 중심으로 생분해 원료를 수입해서 플라스틱을 생산하고 있고, 대기업을 중심으로 생분해 원료 소재를 연구하고 있어요. 새로운 소재를 개발하는 데에는 오랜 시간의 연구가 필요하답니다. 연구원은 환경을 관찰하고 가설을 세워 실험을 통해 검증하고 결과를 내는 과정에 참여해요.

화이트 바이오 연구원은 바이오 분야와 화학 분야를 모두 이해할 수 있어야 해요. 생명공학과, 생명과학과, 화학과, 패키징학과 등을 전공하면 도움이 됩니다. 그리고 대학원에 진학해 석사 이상의 학위를 따게 된다면 업무 선택의 폭이 넓어질 거예요.

졸업하면 석유 화학 회사나 바이오 산업체, 공공 연구 기관에서 일할 수 있어요. 생분해 플라스틱 연구·개발은 SK케미칼, 롯데케미칼, LG화학, CJ, 대상, 삼양그룹 등 대기업을 중심으로 진행되고 있고요. 한국화학연구원, 한국 생산기술 연구원 등에서 소재와 기술을 연구해 개발할 수 있고, 국립생물자원관에서는 생분해 플라스틱의 분해를 촉진하는 자연물을 연구할 수 있습니다.

2장

먹으면 음식,
버리면 쓰레기

음식물은 쓰레기가 되기도 전부터
탄소를 발생시킨다.

먹기도 전에 버려지는 이유

공짜로 음식을 얻어서 생활할 수 있다면 얼마나 좋을까요? 요리를 잘할 필요도 없고, 돈도 들지 않을 테니까 말이에요. 그런데 그게 누군가 버린 음식이라면? 얘기가 조금 달라질 것 같네요. 영화 <먹을래? 먹을래!Just Eat It>는 두 주인공이 버려진 음식만으로 6개월 동안 생활하는 모습을 담은 다큐멘터리예요. 영화는 얼마나 많은 음식이 폐기되는지 적나라하게 보여 줍니다.

음식물은 생산량의 25퍼센트가 마트에 오기도 전에 버려집니다. 생산지에서 수확한 농산물 중 일부가 마트가 정한 크기나 색깔 규격에 맞지 않아 버려지는 거예요. 마트에 가서 비닐봉지 4개를 꽉꽉 채울 만큼 쇼핑을 했다 치면, 이 중 봉지 1개는 쓰지도 않고 그대로 마트 쓰레기통에 버리고 오는 거나 마찬가지인 거예요.

과자 회사가 표시한 유통 기한은 더는 바삭거리지 않을 때고, 식품에 아무런 문제가 없어도 포장지에 오타가 있다는 이유로 쉽게 버려집니다. 우리는 맛집 탐방을 즐기고 쿡방, 먹방은 재밌게 보지만 음식물 쓰레기에는 관심이 없지요. 이제부터 음식물 쓰레기에 관한 불편한 진실을 좀 더 들여다봅시다.

많이 만들고 많이 버리는 음식

2011년 유엔식량농업기구FAO는 전 세계적으로 먹을 수 있지만 버려지는 식품의 양이 공급량의 3분의 1에 달한다고 발표했습니다. 세계자연기금에 따르면 특히 생산지에서 버려져 '단 한 번도 식탁에 올려지지 않은 음식'만 무려 12억 톤이라고 해요. 얼마나 많은 양인지 아마 상상이 안 갈 거예요.

음식물 쓰레기는 우리가 먹고 버린 것만이 아니에요. 모양이 이상하거나 흠집이 있거나 크기가 작아서 선택받지 못한 과일은 거의 버려지죠. 마트를 아무리 시원하게 해도 하루가 채 되기 전에 시들어 버린 채소는 버려집니다.

뷔페는 다양한 음식을 양껏 먹을 수 있어서 좋지만, 음식이 많은 만큼 버려지는 양도 매우 많아요. 그렇지만 뷔페에서 남는 음식을 집에 싸 가거나 밖에 갖고 나갈 수는 없어요. 혹시라도 음식이 상하면 배탈이 날 수 있어서 미리 방지하려는 거예요.

음식은 만들고 처리하는 모든 과정에서 환경에 큰 영향을 미칩니다. 농작물을 생산하기 위해 땅을 개간하고 숲을 없애면 그곳에 원래 살던 생물종 수가 줄어들어요. 더 많이 생산하기 위해 사용한 화학 물질은 땅을 오염시키고요. 매립지에서 썩은 음식은 더 많은 온실가스를 배출해요. 몇 분 만에 버려지는 음식 포장재는 플라스틱 쓰레기 문제를 일으키고요. 낭비하는 음식만 없다면 지금의 쓰레기 문제는 개선될 수 있습니다.

소비와 생산은 지속 가능하게

음식물이 이렇게 많이 버려지는데 아직도 영양실조에 걸린 사람이 있다는 게 사실일까요? 유엔의 발표에 따르면 2019년 기준 굶주린 사람의 수는 전 세계 인구의 9퍼센트에 가까운 6억 9,000만 명이나 됩니다. 유엔은 전 세계의 빈곤 문제를 해결하고 지속가능한 발전을 위해 공동 목표를 세웠습니다. 그리고 각 나라가이 목표를 위해 노력하도록 했지요. 이 공동 목표를 '지속 가능한 발전 목표'라고 해요. 빈곤, 질병, 교육, 성평등, 기후 변화, 환경오염, 경제 성장 등 우리 사회의 다양한 의제를 담고 있어요.

2015년도의 지속 가능한 발전 목표 중 하나가 바로 지속 가능한 소비와 생산이었어요. 이를 위해 음식물 쓰레기 문제를 중요하게 다뤘지요. 그리고 2030년까지 전 세계 식품 폐기량을 절반으로 줄인다는 목표를 세웠어요. 보통 냉장고 같은 설비가 부족하고 위생 규제가 약한 개발도상국은 식품을 만드는 중에 버려지는 양이 많고, 만들어진 뒤에 버려지는 식품 폐기물은 소비가 많은 선진국에서 주로 발생합니다.

음식물 쓰레기를 줄이면 쓰레기양이 줄어드는 것 외에도 많은 문제가 해결됩니다. 음식을 충분히 먹지 못해 어려움을 겪는 사람들을 도울 수 있고 농부, 기업, 소비자의 자원과 비용도 절약할 수 있어요. 음식을 만들고 소비할 때 생기는 온실가스 배출량도 줄일 수 있고요.

유엔의 보고서에 따르면 2019년 약 9억 3,100만 톤의 음식물 쓰레기가 발생했어요. 이 중 61퍼센트는 가정에서, 26퍼센트는 식당에서, 13퍼센트는 마트와 같은 소매업에서 발생했지요. 가정에서 나오는 양이 가장 많은데, 줄이려면 어떻게 해야 할까요? 한때 '냉장고 파먹기'가 유행한 적이 있어요. 냉장고에 남아 있는 음식 재료를 다 먹을 때까지 장을 보지 않는 거죠. 간단한 요리를 해 먹는 즐거움이 있고, 또 식비를 줄일 수도 있으니 일석이조겠지요? 세계 빈곤 문제와 자원 낭비를 해결하기 위한 노력은 바로 나의 식탁에서부터 시작할 수 있습니다.

유통 기한? 소비 기한!

유통 기한이 지난 우유를 마셔 본 적 있나요? 보통 마시기 전에 상한 냄새가 나면 버리고, 그렇지 않아도 왠지 찝찝해서 버리곤 합니다. 그리고 마트에 가면 가능한 한 유통 기한이 길게 남아 있는 제품을 고르지요. 특히 유제품을 살 때는 더 신경 써서 앞쪽보다 뒤쪽에 있는 제품을 고르기도 합니다. 뒤쪽에 있는 제품의 유통 기한이 보통 더 길기 때문이에요. 하지만 그렇게 신경을 써도 유통 기한 내에 먹지 못하고 버리는 식품이 생깁니다. 한 설문 조사에 따르면 시민 10명 중 9명이 유통 기한이 지난 식품을 버릴지 말지 고민한 적이 있다고 해요. 보기엔 멀쩡해도, 유통 기한이 지났으니 혹시 모를 식중독 걱정 때문에 그냥 버린 겁니다.

우리나라는 식품을 안전하게 보관하고 섭취하기 위해 날짜를 표시하고 있어요. 제품의 특성에 따라 제조 일자, 유통 기한, 품질 유지 기한, 소비 기한을 적용하지요. 제조 일자는 제조·가공이 끝난 시점으로, 오래 보관해도 잘 상하지 않는 식품에 표기합니다. 예를 들면 설탕, 소금, 술, 아이스크림 등이에요.

유통 기한은 제조일로부터 소비자에게 유통·판매가 허용되는 기간이에요. 식품 대부분에 적용하지요. 과학적인 실험 결과를 가지고 측정한 식품의 품질 변화 시점보다 보통 더 짧게 설정해서 표시합니다. 식품 의약품 안전처는 보관 기준이 잘 지켜진 경우라면 유통 기한을 초과해도 품질이 변하지 않는다고 말해요.

품질 유지 기한은 제품 고유의 품질이 유지되는 기간입니다. 장기간 보관하는 된장, 고추장, 젓갈 등에 적용하지요. 마지막으로 소비 기한은 소비자가 식품을 먹어도 건강에 이상이 없을 것으로 판단되는, 소비자가 실제로 식품을 섭취할 수 있는 기한을 말합니다. 그러므로 소비 기한이 초과한 식품은 섭취해서는 안 되겠지요.

유럽 연합, 호주, 일본 등은 품질 유지 기한과 소비 기한을 표시합니다. 미국은 소비자의 혼란을 방지하고 버려지는 음식물을 줄이기 위해 소비 기한 표시를 권고하고요. 우리나라는 1985년부터 유통 기한을 표시해 왔습니다. 유통 기한은 유통·판매를 허용한 기간이므로 사실 그 기간이 지나도 먹을 수는 있어요. 그러나 사람들은 언제까지 먹어도 되는지 몰라서 유통 기한이 지나면 상태가 어떻든 그냥 버리는 경우가 많았지요.

그래서 이제 우리나라도 유통 기한 대신 소비 기한을 표시하도록 제도를 바꿨어요. 2023년부터 우유를 제외하고는 '실제 섭취할 수 있는 기간'인 소비 기한을 표기해야 해요. 소비 기한을 사용하면 식품을 먹을 수 있는 기간이 길어져 버려지는 식품이 줄어들 거예요. 이제는 정확히 날짜를 표시해서 "이날까지 먹을 수 있어요!"라고 분명하게 말해주는 셈이니, 버릴지 말지 고민하지 않아도 됩니다. 유통 기한이 지났다는 이유로 반품하는 횟수도 줄어 물류비를 절약할 수 있습니다. 날짜 표기하는 방식 하나가 큰 변화를 가져오는 셈이지요.

버려지는 음식이 없도록

버려지는 음식 문제를 해결하기 위해 세계 각 나라는 식품 폐기를 금지하는 법과 제도를 만들었어요. 프랑스는 음식을 기부받아 나눠 주는 '푸드 뱅크'를 유럽에서 가장 먼저 시작했어요. 2016년에는 식품 폐기물 방지법을 만들어, 슈퍼마켓에서 팔고 남은 식품은 자선 단체나 푸드 뱅크에 기부하도록 했지요. 대형 슈퍼마켓은 자선 단체와 기부 계약을 필수로 해야 하고, 위반하면 벌금을 내야 해요. 식품 폐기물 방지법이 만들어진 후 슈퍼마켓 기부량이 이전보다 약 30퍼센트 증가했다고 해요. 재고 식품을 값싸게 살 수 있는 앱을 이용하는 시민들도 많아졌고, 기업들은 기부 외에도 유통 기한이 다 된 식품을 할인해서 판매하는 등 다양한 방법을 찾아 노력하고 있어요.

프랑스에서는 또한 손님이 식당에서 먹고 남은 음식을 포장해 갈 수 있도록 봉투나 상자를 무료로 제공합니다. 덴마크에서는 유통 기한이 지나거나 겉보기에 흠집이 있는 등 가치가 낮은 상품을 모아서 따로 판매하는 가게가 운영되고 있고요.

2015년 덴마크의 한 스타트업 기업이 만든 '투굿투고Too Good To Go'는 음식물 구조 앱이라고 불려요. 이 앱은 슈퍼마켓에서 팔다가 남은 신선식품이나 식당에서 팔고 남은 음식을 특정 시간대에 저렴하게 판매해요. 지금은 덴마크뿐만 아니라 유럽 13개국에서 이용할 수 있어요. 음식점은 음식물 쓰레기를 줄일 수 있어서 좋고, 사용자들은 저렴한 가격에 맛있는 음식을 먹을 수 있으니 좋겠지요?

일본에서는 '식품 폐기 삭감 추진법'이 만들어지면서 식품 회사에 많은 변화가 나타났어요. 일본은 거의 모든 편의점에서 겨울철 대표 간식으로 어묵을 파는데요, 냄비에 직접 끓여서 파는 어묵은 유통 기한이 16시간밖에 안 되기 때문에 팔지 못한 어묵은 버려야 했어요. 그러나 전자레인지에 데워 먹는 어묵으로 바꾼 뒤부터 버려지는 어묵이 크게 줄었어요. 일본 식품업계는 식품을 더 길게 보존하기 위해 용기와 포장재도 개선했지요. 음식점에서는 먹고 남은 음식을 가져가길 원하는 손님에게 포장해 줌으로써 잔반을 줄였어요. 그리고 유통 기한이 임박한 식품이나 흠집이 난 채소는 식품 공유 사이트에 올려 판매했지요.

우리나라에도 유통 기한이 임박한 식품을 할인해서 판매하는 '라스트 오더'라는 앱이 있어요. 주변 편의점, 마트, 식당, 마트에서 등록한 할인 상품을 소비자가 받아 갈 시간을 정하고 결제한 다음 찾아갈 수 있어요. 소비자는 음식을 저렴하게 구매할 수 있고, 편의점이나 식당은 음식물 쓰레기의 부담과 비용을 줄일 수 있어요. 도시락이나 샌드위치 등 먹기 편한 간편식이 많아서 이용자가 점점 늘고 있다고 해요. 이처럼 판매되지 않은 식품을 버리지 않고 필요한 사람에게 나눌 수 있는 시스템이 다양해진다면 효과는 더욱 커질 거예요.

처리가 까다로운 음식물 쓰레기

삼겹살 반 근은 300그램. 바로 한 사람이 하루에 버리는 음식물 쓰레기양이에요. 음식이 되기 전, 만드는 단계에서 버려지는 양까지 포함하면 407그램이고요. 우리나라의 식품 폐기량은 연간 548만 톤, 처리 비용은 1조 960억 원에 달해요. 최근 외식 비중이 높아지고 간편식이나 가공식품으로 식사하는 비율이 늘어나면서 음식물 쓰레기양도 늘어나고 있어요. 음식물 쓰레기, 과연 어떻게 효과적으로 줄일 수 있을까요?

바다에 버리면 안돼요

예전에 우리나라는 음식물 쓰레기를 생활 쓰레기와 함께 배출했었어요. 1995년 쓰레기 종량제버리는 양에 따라 수수료가 부과되는 제도가 도

입된 이후에도 한동안 같이 버렸지요. 그러다 매립지에서 음식물 쓰레기의 침출수쓰레기가 썩어 지하에 고였다가 흘러나오는 물가 흐르고, 악취가 심하게 나서 문제가 되기 시작했어요. 2005년이 되어서야 전국적으로 음식물 쓰레기를 분리배출하게 되었고, 각 지자체는 음식물 쓰레기를 퇴비나 사료로 만들었어요. 그런데 우리나라 음식물 쓰레기는 수분이 많아 음폐수음식물 쓰레기에서 나온 폐수 처리에 비용과 에너지가 많이 들었어요. 물기를 짜내야지만 사료나 퇴비로 사용할 수 있기 때문이었죠. 그래서 한동안 음폐수를 바다에 버려 왔는데, '런던 협약 96의정서'에 따라 2013년부터 음폐수를 바다에 버리는 행위가 금지되었어요.

> **런던 협약 96의정서**
>
> 런던 협약은 폐기물을 바다에 버려서 생기는 해양 오염을 방지하기 위해 1972년에 제정한 국제 협약이다. 그리고 96의정서는 이 런던 협약을 강화하는 개정판으로써, 1996년에 만들어져 2006년에 발효되었다.

쓰레기 종량제를 처음 시행할 땐 기대가 많았어요. 쓰레기의 부피나 무게 단위로 수수료를 부과하니까, 돈을 적게 내기 위해 쓰레기도 적게 버릴 거라고 생각했거든요. 하지만 초반에 잠시 줄어든 쓰레기 발생량은 2014년부터 다시 늘어나고 있어요. 일부 사람들은 종량제 봉투값이 너무 저렴해서 그런 게 아니냐고도 해요. 쓰레기를 줄일 만한 동기부여가 안 된다는 거죠.

이처럼 음식을 만들고 먹고 처리하는 모든 단계에서 쓰레기를 줄이기 위한 고민과 대책이 따라와야만 실제로 쓰레기가 줄어드는 효과를 눈으로 확인할 수 있을 거예요.

퇴비로 만들면 어떨까?

배달의 민족이라 불리는 우리나라 사람들이 가장 많이 주문하는 배달 음식은 뭘까요? 바로 한국인의 소울 푸드, 치킨입니다. 그런데 다 먹고 난 닭 뼈는 어떻게 버려야 하는지 혹시 알고 있나요? 음식에서 나온 쓰레기니 음식물 쓰레기라고 생각하기 쉽지만, 닭 뼈는 일반 쓰레기로 분류해요. 닭 뼈뿐 아니라 옥수수 껍질, 양파 껍질, 고추씨 등도 일반 쓰레기이므로 일반 종량제 봉투에 버려야 해요.

그럼 어떤 기준으로 음식물 쓰레기와 아닌 것을 구분하는 걸까요? 우리나라에서는 '동물이 먹을 수 있는지 없는지'를 기준으로 삼습니다. 음식물 쓰레기는 가공 후 퇴비나 가축의 사료로 쓰기 때문이에요. 그 외에도 닭 뼈나 호두 껍데기, 조개 껍데기처럼 딱딱한 것은 쓰레기 처리 시설에서 분쇄할 때 기계를 고장 낼 수 있으므로 일반 쓰레기로 버립니다. 양파 껍질이나 옥수수 껍질 역시 기계 부품에 엉킴을 일으킬 수 있어서 일반 쓰레기로 버리고요. 고추씨는 캡사이신 성분이 많아 퇴비나 사료로 만들기 적합하지 않으므로 일반 쓰레기로 분류합니다.

환경부에 따르면 우리가 배출한 음식물 쓰레기는 약 97퍼센트가 사료나 퇴비로 재활용된다고 해요. 하지만 이 수치와 달리 실제 퇴비로 사용되는 양은 많지 않아요. 흙에 염분이 들어가면 농사를 지을 수 없거든요. 우리나라 음식에는 염분이 상당히 많아서, 퇴비로 사용하기 적절하지 않아요. 염분을 최대한 제거해서 가축의 사료로 쓴다 해도 반추 동물소나 양처럼 되새김질하는 동물에게는 먹일 수 없고요. 2019년부터는 아프리카 돼지 열병 확산을 막기 위해 돼지에게 먹이는 것도 금지되었어요. 동물은 음식물 쓰레기통이 아니라는 비판이 점점 강해지면서 음식물 쓰레기 사료를 원하는 농가도 점점 줄어들고 있어요. 이처럼 재활용 품질도 낮고 마땅히 활용할 곳도 찾기 어려운 음식물 쓰레기, 어떻게 처리하면 좋을까요?

퇴비 대신 바이오가스

음식물 쓰레기나 동물의 배설물을 분해할 때 수소, 메탄 같은 가스들이 만들어집니다. 이 가스들을 통틀어 바이오가스라고 불러요. 바이오가스는 석유를 대신할 수 있을 것으로 기대되어 미래의 에너지원으로 주목받고 있지요. 우리나라는 그동안 음식물 쓰레기로 바이오가스를 생산한 비율이 12퍼센트에 불과했어요. 그러나 앞으로는 음식물 쓰레기를 사료나 퇴비 대신 바이오가스로 만들려고 합니다. 여러 장점이 있거든요.

　우선 바이오가스 시설은 대규모 발전·처리 시설과 달리 부지를 정하는 데 갈등이 적습니다. 에너지를 생산한 후 필요한 곳에 전달하는 과정에서 손실이 없어 효율도 높고요. 게다가 바이오가스로 재활용하면 음식물 쓰레기를 지금처럼 일일이 구분해서 버리지 않아도 됩니다. 이는 장점일 수도 단점일 수 있는데, 편리한 만큼 버리는 것에 대해 무감각해질 수도 있거든요.

바이오가스는 양이 적으면 활용하기 어려워요. 양이 많아야 경제적으로 부담이 없고, 에너지로 활용할 만한 가치가 생깁니다. 따라서 음식물 쓰레기, 하수 찌꺼기, 가축의 배설물을 모두 합쳐서 바이오가스를 만듭니다. 바이오가스는 발전 시설의 에너지나 주변 지역의 난방용 가스로 쓸 수 있어요. 최근에는 음식물 쓰레기로 만든 바이오가스를 수소 융복합 충전소로 보내 수소를 생산했습니다. 이처럼 활용할 곳만 확보된다면 에너지를 효과적으로 사용할 수 있어요.

덴마크는 2035년까지 도시가스를 100퍼센트 바이오가스로 대체하는 것이 목표예요. 우리나라도 현재 110곳인 바이오가스 생산 시설을 2026년까지 140곳 이상으로 늘릴 계획이고요. 난방 연료를 바이오가스로 대체하면 도시가스로 사용했던 LNG를 더 이상 수입하지 않아도 될 거라고 기대합니다.

음식물 쓰레기에 대한 오해

누구나 음식물 쓰레기통 앞에서 코를 막거나 숨을 쉬지 않고 지나가 본 적이 한 번쯤 있을 거예요. 먹을 때는 좋았는데, 버린 음식물 냄새는 메슥거릴 정도로 고약합니다. 음식물 쓰레기를 버리러 갈 때 손에 묻는 게 싫어서 봉지 끄트머리만 아슬아슬하게 잡기도 해요. 힘들게 버리러 갈 필요 없이 그냥 눈앞에서 뿅 하고 사라지면 얼마나 좋을까요?

갈아서 버리는 오물 분쇄기

음식물 쓰레기를 집 밖의 수거함까지 들고 가는 것은 참 번거로운 일이에요. 음식물 쓰레기가 쌓이면 냄새도 많이 나고요. 그런데 싱크대에서 음식물 쓰레기를 갈아서 하수구에 바로 버린다면? 불편함과 귀찮음을 모두 해결할 수 있는 좋은 방법인 것 같지요? 놀이 기구를 타듯 음식물 쓰레기가 하수구 배관을 타고 내려간다면 정말 편리하고 깔끔할 것 같아요.

그런데 이 방법이 실제로 있어요. 바로 주방용 오물 분쇄기가 그 주인공입니다. 주방용 오물 분쇄기는 음식물 쓰레기를 잘게 갈아서 하수구로 흘려보내는 기구예요. 그냥 갈아서 하수구에 버리면 된다니 굉장히 편리할 것 같지만, 조건이 있어요. 음식물 쓰레기 찌꺼기를 80퍼센트 이상 회수하고 나머지 20퍼센트 미만만 배출해야 한다는 거예요. 아니, 분리배출이 번거로워서 오물 분쇄기를 쓰는 건데, 80퍼센트 이상의 찌꺼기는 또 따로 버려야 한다니! 그렇다 보니 거름망이나 회수통을 제거해서 찌꺼기가 모두 하수구로 배출되도록 불법 개조한 곳들이 생겨났어요.

주택이나 도시를 설계할 때는 하수량을 고려해서 하수관을 만들어요. 대부분은 음식물 쓰레기가 아닌 액체만을 흘려보내는 용도로 만들지요. 따라서 하수관으로 음식물 쓰레기가 배출된다면 수질도 나빠지고 하수관도 꽉 막히게 될 거예요. 20퍼센트 미만만 배출하더라도 그게 쌓이다 보면 언젠가는 막히게 될 거고요.

미국은 국토가 엄청나게 넓다 보니 쓰레기를 수거하는 데 오히려 더 많은 에너지와 비용이 든다고 해요. 그래서 일부 지역에서는 가정용 오물 분쇄기를 사용하기도 합니다. 스위스는 음식물 쓰레기 때문에 물이 오염되는 것을 막기 위해 오물 분쇄기 사용을 법으로 금지했고요. 그렇다면 우리나라는 어떤 선택이 가능하고, 또 필요할까요? 하수구로 버려진 음식물 쓰레기가 또 다른 환경 오염을 일으킬 수 있으니, 편리함만 따질 것이 아니라 신중하게 고려해야 할 거예요.

친환경 음쓰 봉투, 봉지째 버려도 괜찮을까?

여러분은 집에서 음식물 쓰레기를 버릴 때 어떻게 하나요? 보통은 음식물이 가득 찬 쓰레기봉투를 꽉 묶어서 수거함에 통째로 버릴 거예요. 처리 시설에 들어간 음식물 쓰레기는 먼저 이 봉투를 찢고 잘게 부숩니다. 그런데 이렇게 잘게 쪼개진 비닐은 잘 분리되지 않기 때문에 미세 플라스틱으로 남을 가능성이 높아요.

최근 아파트 같은 공동 주택에서는 전자 태그^{RFID} 종량기를 사용하는 곳이 많아졌어요. 전자 태그 종량기를 사용하면 음식물과 봉투를 분리해서 버리기 때문에 미세 플라스틱을 줄일 수 있습니다.

전자 태그 종량기

장비에 카드를 인식한 후 쓰레기를 버리면, 배출한 사람과 배출된 음식물 쓰레기 무게 정보가 환경부 중앙 시스템으로 전송되어 수수료를 관리하는 방식이다. 지역마다 다르지만, 환경부의 권유에 따라 많은 지자체가 도입·시행 중이다.

게다가 무게에 따라 내야 하는 수수료가 많아지다 보니, 주민들은 되도록 돈을 덜 내기 위해 음식물 쓰레기를 줄이려고 애쓰지요.

생분해되는 싱크대 거름망도 사용이 늘고 있어요. 싱

크대 거름통에 낀 이물질을 청소하지 않아도 되고, 거름망 째로 버릴 수 있어 편하거든요. 그러나 앞서 말했듯 생분해 원료일지라도 분해되려면 그에 딱 맞는 조건이 갖춰져야 해요. 모든 생분해 제품이 무조건 알아서 잘 분해되는 게 아니기 때문에 주의해서 사용해야 합니다.

음식물 쓰레기로 가꾸는 정원

주민들이 함께 음식물 쓰레기를 퇴비로 만드는 곳이 있습니다. 작은 텃밭을 함께 운영하는 인천 계양구 귤현동 주민들은 음식물 쓰레기를 모아서 퇴비로 만들고, 이 퇴비로 꽃밭을 가꿉니다.

먼저 가정에서 음식물 쓰레기를 공기를 차단한 통에 2주간 모아 '혐기 발효'합니다. 혐기 발효란 산소가 존재하지 않는 조건에서 미생물이 발효해 에너지를 생산하는 것을 말해요. 이렇게 혐기 발효된 음식물 쓰레기를 분해 정원에 설치한 공동 퇴비 통에 모읍니다. 그리고 쓰레기양보다 3배 많은 낙엽이나 풀을 한데 넣고 섞어요. 낙엽 같은 유기질 쓰레기는 썩는 냄새를 줄여 주거든요. 동네 카페에서 얻은 커피 찌꺼기를 넣어도 좋습니다. 유기물이나 섬유소가 많은 커피 찌꺼기는 퇴비로 활용할 수 있고, 향긋한 커피 향도 맡을 수 있어요.

그렇게 2주가 지나면 음식물 쓰레기는 흙이 됩니다. 흙에서 난 채소와 과일이 다시 흙으로 돌아간 거예요. 전기, 가스 등의 에너

굴현동 분해 정원의 모습입니다. 가운데 있는 통에 발효된 음식물 쓰레기를 넣으면 2주 뒤에 퇴비가 됩니다.

지가 추가로 필요하지 않고, 처리 과정에서 환경 오염이 일어나지 않기 때문에 분해 정원은 친환경 방법으로 꼽힙니다. 공동 주택에 산다면 음식물 쓰레기 감량기와 퇴비장을 함께 이용해 아파트 화단을 잘 가꿔 볼 수도 있습니다. 근처에 사는 친구와 함께 텃밭 가꾸기를 체험하면 좋은 추억과 경험을 쌓을 수 있을 거예요.

집 옥상이나 베란다에서 과일·채소 껍질로 퇴비를 만들 수 있어요. 조리된 음식은 염분이 많아 잘 썩지 않고, 동물성 쓰레기가 많으면 썩는 데 시간이 더 걸린다는 점은 유의해야 합니다. 온라인 모임을 통해 서로 정보를 주고받고 경험을 나누면 혼자서도 어렵지 않게 할 수 있어요. 내가 버린 쓰레기가 흙이 되어 자연으로 되돌아가 땅이 회복되고, 우리 삶과 지구가 건강해진다는 점에서 기쁨과 보람을 느낄 수 있을 거예요.

음식물 쓰레기를 줄이려면

기후 위기의 시대입니다. 날씨는 이제 종잡을 수 없을 정도로 빠르게 변하고 있어요. 하루아침에 꿀벌 수십억 마리가 사라지는가 하면, 너무 낮은 기온 때문에 농작물이 피해를 입어 수확을 못 했다는 소식이 들려옵니다. 태풍, 장마, 가뭄 등의 자연재해는 갈수록 더 자주, 더 심하게 발생하고 있고요. 엎친 데 덮친 격으로 코로나19 사태까지 일어나 농민들은 큰 손해를 입었습니다. 땀 흘려 경작한 농작물이 버려지지 않게 하려면 어떻게 해야 할까요?

산지에서 버려지지 않도록

농산물을 수확하지 않고 밭을 갈아엎었다는 뉴스를 종종 보곤합니다. 아깝게 왜 열심히 키운 농산물을 그냥 버리냐고요? 과잉 생산되어서 그래요. 농산물이 필요한 양보다 더 많이 생산되면 가격이 내려가게 되어서 팔아도 남는 게 없거든요. 이런 상황에서 수확할 인건비가 더 든다면 차라리 수확하지 않는 게 더 낫다고 판단하는 거죠. 산지에서 버려지는 농산물은 최근 5년간 계속 증가해 왔어요. 손해 본 비용도 무려 20조 원이나 되고요. 생산지 폐기는 단순히 쓰레기로 처리하는 비용만이 아니라, 작물을 키울 때 드는 물과 비료, 에너지까지 몽땅 버리게 되는 셈입니다. 과잉 생산된 농산물이 최대한 버려지지 않게 할 좋은 방법이 없을까요?

소비자와 생산자가 직거래하는 방식인 생활 협동조합은 농민이 농사를 짓기 전에 소비자와 계약을 먼저 하기 때문에 소득이 안정적으로 유지될 수 있어요. 소비자 역시 유통 단계가 줄어든 만큼 저렴한 가격으로 살 수 있어 이득이고요. 수확한 농산물이 물가에 크게 영향을 받지 않으므로 버려지는 농산물도 적습니다.

한때 학교 급식이 중단되어 농산물이 많이 버려질 위기가 있었어요. 코로나19 때문에 거의 모든 학교가 온라인 수업을 하게 되어 급식에 납품하던 농산물이 갈 곳이 없어졌거든요. 우리나라의 학교 급식용 농산물 공급 규모는 한 달에 약 1만 4,000톤으로 추정됩니다. 수개월 동안 학교 급식이 운영되지 않아 농민과 유통업체의 피해가 컸는데, 이에 일부 지자체는 급식 납품용으로 재배된 농산물을 가정용으로 작게 포장해 시민에게 판매하기도 했어요.

더 많은 쓰레기, 더 큰 책임

학교 급식에 인기 없는 반찬이 나오는 날은 잔반량이 많습니다. 군대, 뷔페, 큰 회사의 구내식당, 대형 마트에도 잔반이 많고요. 이처럼 음식물 쓰레기가 많이 발생하는 사업장을 '다량 배출 사업장'이라고 하는데, 음식물 쓰레기를 얼마나 어떻게 줄일지에 대한 계획감량 계획과 처리 방법을 세워 해당 자치구에 신고해야 합니다. 그러나 마트나 대규모 식당은 음식물 쓰레기 처리 업체에 돈을 내고 처리를 맡길 뿐, 쓰레기양이나 처리 방법에 대해서는 크게 신경 쓰지 않습니다. 음식물 쓰레기를 줄여야 할 '의무'가 없기 때문이에요. 그러다 보니 식품이 만들어지고 팔리는 중에 어디서, 얼마나, 어떻게 폐기되는지 정확한 통계 자료가 없습니다.

구체적인 해결책을 마련하려면 정확한 관리가 필요합니다. 특히 다량 배출 사업장은 더더욱 그래야 하고요. 예를 들어 학교 급식소와 대형 마트에서 발생하는 음식물 쓰레기는 종류도 다르고 양도 다를 거예요. 그러므로 각각 다른 대책을 세워야 해요. 그리고 음식물 쓰레기가 많이 발생하는 곳은 지금보다 더 엄격하게 관리해야 하고요.

음식물 쓰레기 감량기와 종량기를 보급하는 것도 필요해요. 특히 감량기는 건조·발효 등의 방식으로 수분을 제거하므로 음식물 쓰레기를 많이 줄일 수 있어요. 단점은 가격이 비싸다는 건데, 그래서 대형 식당이나 아파트 단지에서 감량기를 구매할 때는 지자체가 예산을 지원하기도 합니다.

앞서 소개했던 전자 태그 종량기는 아파트 같은 공동 주택에서 많이 이용해요. 집마다 등록된 카드를 기기에 인식한 후 음식물 쓰레기를 버리면 음식물 쓰레기 무게가 측정되고, 그 무게만큼 비용이 부과되는 방식이지요. 버리는 양만큼 돈을 내기 때문에 음식물 쓰레기를 줄이는 효과가 클 것이라 기대합니다.

나눠 먹고 같이 먹고

동네에서 직접 하는 중고 거래가 늘어났습니다. 그런데 식품도 중고 거래가 가능할까요? 집에 있는 유통 기한이 임박한 식품과 음식 재료를 쉽게 나눌 방법을 고민하던 시민들이 직접 행동에 나섰습니다.

독일의 '푸드 셰어링'은 먹기도 전에 버려지는 음식에 대한 한 다큐멘터리 영화를 계기로 시작되었습니다. 통째로 버려지는 식품과 못생겨서 버려지는 채소들을 보며, 음식물 쓰레기를 줄여야 한다는 공감대가 형성되었지요. 독일 전역에 음식물 공유 장소로 약 100군데가 운영되고 있는데, 냉장고나 선반에 재료나 음식을 두면 필요한 사람이 가져가는 방식입니다. 독일에 이어 오스트리아와 스위스에서도 운영되고 있어요.

우리나라에도 많은 지역에 공유 냉장고가 있습니다. 주민 센터나 복지관에서 운영하는 곳은 기부받은 식품이 도움이 꼭 필요한 사람에게만 전달되는 방식이라 이용자는 다소 제한적이지만요. 공유 공간을 따로 마련해 주민들이 서로 음식을 나눌 수 있게 하거나, 동네 어귀에 공유 냉장고를 두고 누구나 자유롭게 이용할 수 있게 한 곳도 있습니다. 다만 안전과 위생을 위해 조리된 식품은 기부할 수 없어요. 고령 인구가 많은 지방 소도시에서는 거동이 불편한 할아버지, 할머니를 위해 지자체에서 찾아가는 공유 냉장고 서비스를 운영하기도 해요.

그렇다면 우리는 어떤 실천을 할 수 있을까요? 식당에 가면 먹지 않을 반찬은 식사 전에 반납해 보세요. 학교 급식이나 구내식당, 뷔페에서 식사할 때는 먹을 수 있는 양만큼 덜어 남기지 않도록 하고요.

저는 예전에 청소년 친구들과 함께 환경 캠프에 간 적이 있어요. 거기에서는 퇴식구에 잔반 측정용 저울을 두고 잔반을 버릴 때마다 무게를 재어 보게 했어요. 얼마나 버리는지 그 수치를 직접 확인하게 되니 버리는 음식을 줄이는 데 효과가 있더라고요. 매일 식사 후에 수치를 기록하게 하고 결과를 공유했더니, 마지막 날에는 잔반이 거의 생기지 않았어요.

최근에는 쉽게 조리할 수 있는 간편식인 밀키트 제품을 많이 이용합니다. 재료가 다 손질되어 있어 끓이기만 하면 되니 편하고, 1인 가구를 위해 작게 포장된 밀키트도 많다 보니 부담이 없습니다. 하지만 밀키트는 유통 기한이 짧아 버려지기 쉬워요. 그러

독일의 소도시 지그마링엔에 있는 푸드 셰어링 냉장고의 모습입니다.

므로 가능하면 밀키트를 사지 않는 것도 음식물 쓰레기를 줄이기 위해 우리가 할 수 있는 행동입니다. 배달 음식을 주문할 때 따라오는 김치나 단무지도 정작 먹지 않아 냉장고에 쌓아 뒀다가 그냥 버릴 때가 많을 텐데요, 안 먹을 거면 아예 안 받는 게 제일 좋습니다.

진로 찾기 **환경 연구원**

환경 오염 문제는 산업이 발전하고 삶의 방식이 달라지면서 피해 대상이나 규모도 달라졌어요. 환경 문제와 관련된 연구 주제도 시대에 따라 달라졌고요. 우리나라는 1970년대에 빠른 속도로 경제가 성장하면서 환경 오염 피해가 나타나기 시작했는데, 그에 따라 오염을 '방지'하기 위한 연구가 주로 이루어졌어요. 그러나 최근에는 '환경 오염이 건강에 미치는 영향'에 관한 연구가 늘어나고 있어요.

환경 문제를 예방하고 해결하려면 환경과 관련된 정책을 만들고 기술을 개발해야 하며, 전문 지식을 가진 연구원이 연구해야 해요. 환경 연구 분야는 환경에 대한 시민 인식, 환경 산업, 오염이나 피해를 줄이기 위한 기술 개발, 화학 물질의 해로운 특성, 건강에 끼치는 위험한 영향 등 다양합니다.

좀 더 세부적으로 들어가면, 중요한 연구 주제 중에 '자원 순환'이 있어요. 자원 순환이란 불필요한 쓰레기 배출량을 줄이고, 쓰레기가 발생하더라도 적절하게 재활용하거나 처리하는 것을 말합니다. 자원 순환을 위한 정책, 지속해서 자원 순환이 되는 사회 경제, 효과적인 자원 순환 기술을 만들고 개발하기 위한 다양한 연구가 활발하게 이뤄지고 있어요.

환경 전문 연구소로는 한국환경연구원, 국립과학원, 화학물질 안전원 같은 정부 출연 연구 기관이 있어요. 또한 서울연구원, 경기연구원 같은 지방 정부 연구소도 있고요. 그 외에 대학 연구소와 기업 부설 연구소도 있습니다. 전문 연구를 하려면 환경공학과, 화학공학과, 도시공학과, 행정학과와 같이 환경 관련 분야의 대학원에서 석사 이상의 학위를 취득해야 해요.

연구자로서 관심 있는 내용을 깊게 연구하고자 하는 끈기 있는 태도가 중요하고, 환경 오염의 심각성과 그에 따른 사회 현상을 보고 문제의식을 느끼는 태도도 필요해요. 연구 경험은 많으면 많을수록 좋으니까 다양한 연구 프로젝트에 참여해 보면 좋고요.

환경 연구는 크게 과학 분야와 정책 분야로 나뉘어요. 과학 분야의 연구는 환경 오염 문제를 분석해서 오염 방지 계획을 세우고, 방지하는 설비를 설계·제작해 오염을 줄이는 것이 목표예요. 간단하게 말해서 기술을 개발하는 연구인 것이죠.

정책 분야의 연구는 정책에 초점을 맞춥니다. 환경 문제를 해결하는 방법이나 아이디어를 정책이라는 틀에 담아야 하지요. 그러므로 환경 문제 외에도 다양한 산업에 관심을 두고, 국제 사회는 어떻게 하고 있는지 알아야 합니다. 그 과정에서 많은 사람과 소통하게 될 거예요. 그러므로 정책 분야 연구자는 다양한 사회 현상을 종합적으로 이해하려고 노력해야 해요.

진로찾기 **환경 단체 활동가**

환경 단체는 환경 문제에 관한 경각심과 환경 보호 인식을 높이기 위한 운동을 목적으로 만들어진 단체예요. 환경 문제를 해결해 더 나은 세상을 만들고 싶다면 환경 단체 활동가를 직업으로 선택할 수 있어요. 대학 졸업 여부나 전공과 상관없이 환경에 관심이 있다면 누구나 도전할 수 있지요.

환경 문제는 사회 전반의 다양한 문제와 연결돼요. 환경 오염은 자연환경뿐 아니라 인간의 생활과 건강에도 나쁜 영향을 미치지요. 환경 단체 활동가는 각종 개발로 훼손되는 숲, 바다, 습지 등의 자연을 지키는 활동을 합니다. 자연과 인간이 공존하고, 누구나 평등하게 건강한 환경에서 살아갈 수 있도록요.

환경 단체 활동가는 환경 문제가 발생한 현장에 직접 가서 피해를 조사하고 기록합니다. 시민에게 환경 정보를 알기 쉽게 전달하거나 환경 문제에 관심 있는 사람들을 모아서 조직하기도 하고요. 서로 다른 입장을 가진 이해관계자들을 만나 의견을 조율하고, 집회나 시위를 통해 많은 사람에게 문제를 알리기도 해요.

환경 단체는 기업에 일회용기 대신 다회용기를 쓰고, 포장재를 최대한 덜 쓸 것을 요구해서 변화를 끌어냅니다. 그리고 이미 발생한 쓰레기는 잘 처리될 수 있도록 시민들에게 분리배출 정보를 전달하며, 재활용 과정의 문제점을 조사해서 정부에 재활용 제도를 개선하도록 요구하기도 해요. 소각이나 매립 등 폐기물 처리 시설 때문에 발생한 환경 오염 피해를 조사해서 문제 해결 과정에 참여하기도 하고요.

환경 단체 활동가는 자연환경에 공감하는 '생태 감수성'이 풍부하면 좋습니다. 인간 역시 지구에 사는 생물로서, 다른 종에 대한 이해와 존중이 필요하기 때문이에요. 또한 환경 오염 피해 주민, 정책 입안자, 국회의원 등 다양한 사람과 소통하기 때문에 사람에 대한 이해와 공감 능력도 필요하지요. 환경 단체 활동가로 일하려면 캠페인 기획, 자료 조사 그리고 글과 말로 주장을 펼쳐야 하기에 작문과 발표 실력을 갖추면 큰 도움이 됩니다.

시민 단체에서 진행하는 자원봉사 활동이나 인턴십 프로그램에 참여하면 단체에 대한 이해도도 높일 수 있고 다양한 경험을 쌓을 수 있으므로, 기회가 된다면 꼭 해보길 추천해요.

주요 환경 단체

- 국내 단체: 녹색연합, 여성환경연대, 자원순환 사회연대, 환경정의, 환경운동연합
- 국제 단체: 세계자연기금, 그린피스, 시셰퍼드 Sea Shepherd
- 국내 민간 연구소: 기후변화 행동연구소, 녹색 전환 연구소

3장

쓰레기계의
숨은 강자

전 세계 인구 성장률보다 3배 빠른 속도로,
매년 어마어마한 양의 전자 쓰레기가 버려지고 있다.

쏟아지는 전자 쓰레기

두두두두— 집을 나서자마자 손풍기를 켭니다. 얼굴과 목으로 부는 바람이 시원하네요. 이제 손풍기는 여름철 필수품이 되었어요. 그러고 보니 최근 몇 년간 스마트폰, 손풍기, 보조 배터리 등 외출할 때 챙겨야 할 전자 제품이 많이 늘어난 것 같아요. 스마트워치나 태블릿 같은 새로운 기기가 등장했고 공기 청정기, 식기 세척기, 블루투스 스피커처럼 삶의 질을 높이는 가전제품도 많아졌어요. 우리가 얼마나 많은 전기 전자 제품을 사용하고 있는지, 제품을 만들 때 사용하는 자원에는 문제는 없는지, 환경 문제는 어떻게 나타나는지 한번 알아볼까요?

전자 쓰레기, 얼마나 많길래?

예전에 "한국인들은 김치를 얼마나 먹는 거야?"라며 김치냉장고를 보고 놀라워하는 외국인의 모습이 방송된 적이 있어요. 김치냉장고는 우리나라 식문화가 반영된 독특한 가전이에요. 김치냉장고 덕분에 우리는 1년 내내 맛있는 김치를 먹을 수 있게 되었지요. 단독 주택이 점점 없어지는 대신 아파트가 많아지면서 김치를 보관하던 장독대는 김치냉장고로 대체되었어요. 얼마 안 있어 필수 가전이 되었지요.

요즘은 TV와 에어컨이 방마다 설치되고 냉장고는 화장품, 와인, 김치 등 용도별로 여러 대를 사용해요. 건조기, 로봇 청소기, 의류 청정기는 새로운 가전제품으로 등장했고요. 코로나19 팬데믹 중에는 온라인 교육과 재택근무가 많아져 컴퓨터와 관련된 전자 기기 판매가 늘어났고, 실내 운동을 하는 사람이 많아지면서 러닝머신, 인바디 체중계 같은 운동 보조 기기 판매가 증가했어요.

TV, 세탁기, 냉장고 등은 보통 10년 이상 사용합니다. 고장이 나더라도 고치면 20년은 거뜬히 쓸 수 있지요. 그러나 우리는 곧잘 새 걸 사곤 해요. 세련된 디자인, 더 좋아진 성능, 높은 에너지 효율 등급, 가볍고 작은 크기 등을 이유로 말이에요.

전 세계 인구 절반이 인터넷을 사용하는 이 시대에, 스마트폰이나 태블릿 같은 모바일 기기는 앞으로 점점 더 늘어날 거에요. 전자 폐기물 전문가들은 전 세계 약 160억 대의 휴대 전화 중 2022년에만 53억 대가 재활용되지 않으리라 예측했어요. 전 세계 인구가 78억 명이라는 점을 생각하면 엄청난 양이죠.

　국제 전자폐기물 책임기구협회는 전 세계적으로 버려지는 전자 쓰레기가 2021년 기준 총 5,740톤이라고 추산했어요. 얼마나 많은 양인지 아마 감도 안 올 거예요. 그런데 전자 쓰레기가 늘어나는 속도가 전 세계 인구 성장률보다 3배 빠르다면? 안일하게 생각하기엔 문제가 꽤 심각해요. 유럽 연합의 조사에 따르면 매년 시민 한 명당 사용하지 않는 전기 전자 제품 4~5킬로그램이 집에 쌓인다고 해요. 시민들은 전자 쓰레기의 재활용률이 40~50퍼센트에 이른다고 생각하지만, 실질적으로는 17.4퍼센트에 불과해요. 집에 모셔 두는 전자 제품이 많은데, 그 제품들은 대부분 재활용되지 않거든요.

다 쓴 태양광 패널

수년간 열흘 동안의 도보 여행을 한 적이 있어요. 말 그대로 차를 타지 않고 오로지 두 다리로만 걸어서 여행했지요. 일정이 끝나고 숙소에 오면 가장 먼저 콘센트부터 찾아 휴대 전화를 충전했어요. 그러다 언젠가부터 휴대 전화 충전을 위해 휴대용 태양광 패널을 챙겨 갔어요. 태양광 패널은 손바닥 두 개 크기로 작고 가벼웠지요. 햇볕이 내리쬐는 낮에 배낭에 걸어 두고 걸으니 충분히 충전할 수 있었어요. 직접 전기를 만들어 사용하는 일이 생각보다 정말 뿌듯하더라고요.

아파트 베란다를 보면 비스듬히 걸쳐 있는 태양광 패널을 쉽게 발견할 수 있을 거예요. 건물 옥상이나 주차장에 태양광 패널을 설치해 전기를 만드는 곳도 많아졌고요. 일본 도쿄는 주택과 아파트에 태양광 패널을 의무적으로 설치하는 법을 추진 중이고, 유럽 연합도 새로 짓는 모든 건물에 태양광 패널을 의무 설치하는 계획을 발표했어요. 프랑스는 차량 80대 이상을 주차할 수 있는 주차장에 태양광 패널 설치를 의무화하는 법을 통과시켰어요. 우리나라는 2000년대 초반부터 태양광 패널이 설치되었는데, 주택 지붕이나 옥상에 태양광 발전 시설을 설치하면 지자체와 에너지 공단이 보조금을 지원했기 때문에 많이 설치될 수 있었어요.

태양광은 자연에서 얻을 수 있고 오염 물질이 발생하지 않아 청정에너지로 불립니다. 그러나 장점만 있는 것은 아니에요. 태양광 패널은 평균 20년 정도 사용하는데, 장시간 햇빛에 노출되면 패널이 부식되고 에너지 생산 효율이 떨어져요. 그래서 2000년대부터 사용된 태양광 패널들이 수명을 다해 쓰레기가 되면서부터 태양광 폐패널 문제가 불거지고 있어요. 많은 다국적 기업들이 'RE100'에 동참하면서 재생 에너지 생산을 위해 태양광 설비를 늘리고 있는데, 많이 설치하는 만큼 폐패널도 더 많이 발생

다 쓴 패널까지 제대로 처리되어야 태양광 에너지가 진정한 청정에너지로 불릴 수 있을 거예요.

하리라는 것은 쉽게 예상할 수 있어요.

그러면 태양광 폐패널은 현재 어떻게 처리되고 있을까요? 태양광 패널은 70퍼센트가 유리로, 나머지는 알루미늄, 플라스틱, 구리, 은, 납 등으로 만들어져요. 유럽연합에서는 이미 2012년에 태양광 폐패널을 전기·전자 폐기물로 규정해, 생산자가 책임지고 처리하도록 제도를 만들었어요. 우리나라는 그동안 일반 산업 폐기물로 분류해 매립했지만, 2023년부터는 회수해서 재활용하도록 했어요. 태양광 패널은 수명이 다해도 효율이 떨어질 뿐 사용할 수 있는 부분을 선별해 재사용할 수 있고, 유리나 금속 자원을 따로 회수해 재활용할 수도 있어요.

전기 자동차와 배터리

세계 자동차 시장에서 2021년 전기차 점유율은 7.9퍼센트로 전년보다 2배 늘었어요. 우리나라에 등록된 자동차 대수 중 전기차는 아직 1퍼센트에 불과하지만, 2025년에는 100만 대가 넘어설 것으로 전망하고요. 문제는, 전기차가 늘어난 만큼 폐배터리도 늘어난다는 거예요. 전기차에 사용되는 리튬 이온 배터리는 수명이 5~10년 정도니, 10년 주기로 폐배터리가 발생하는 셈이에요. 다행히 폐배터리는 재사용·재활용이 가능해요. 더 이상 전기차 배터리로는 사용할 수 없지만, 에너지 저장 장치로 재사용할 수 있어요. 리튬, 니켈, 코발트 같은 희귀 금속을 추출해서 재활용할 수도 있고요.

스마트폰과 노트북 같은 기기의 사용이 늘어나면서 배터리에 쓰이는 리튬의 수요도 많이 늘어났는데, 여기에 더해 전기차 생산량이 많아지면서 리튬 수요는 더욱 폭발적으로 증가하고 있어요. 2040년에는 2020년에 비해 전 세계 리튬 수요가 무려 42배 늘어날 거라고 예상하는 보고서도 있어요.

문제는 이 리튬이 전 세계 곳곳에 고르게 묻혀 있지 않다는 거예요. 세계 리튬 매장량의 절반은 칠레, 볼리비아, 아르헨티나에 묻혀 있거든요. 그리고 희귀 금속인 희토류의 매장량이 가장 많은 나라는 중국인데, 세계 생산량의 절반을 차지해요. 이처럼 주요 광물을 일부 지역이나 나라에서 얻을 수밖에 없는 상황이라, 희귀 금속의 가격이 계속 오르면 우리나라처럼 자원이 부족해 수입

희토류

희토류는 말 그대로 '희귀한 흙'이라는 뜻으로써, 비슷한 성질을 가진 희귀한 원소 17종류를 통틀어 이르는 말이다. 희토류는 화학적으로 매우 안정적이고 열을 잘 전도하는 특성이 있어 전자 제품, IT 산업, 스마트폰 산업 등에 필수 원료가 되었다.

에 의존하는 나라들은 큰 영향을 받아요.

　온실가스 배출을 줄이기 위해 만든 전기 자동차도 생산 과정에서 화석 연료가 사용돼요. 그리고 폐배터리 같은 환경 문제도 계속 발생하고요. 차를 사지 않더라도 필요할 때 편리하게 이용할 수 있는 공유 차량 시스템이 확대된다면 어떨까요? 자동차 생산에 드는 자원, 이용에 드는 에너지와 비용, 재활용이나 폐기에 드는 사회적 비용을 고려한다면 자동차만큼 편리하면서 자동차보다 친환경적인 공공 교통 체계를 마련할 필요가 있어요.

도시 한복판에 광산이 있다?

전자 쓰레기는 부품, 소모품을 포함해 모든 폐기된 전기 전자 기기를 말해요. 전기·전자 제품에는 많은 금속 물질과 화학 물질이 들어 있기 때문에 이 물질의 독성으로 인한 피해가 없도록 안전하게 버리는 것이 중요해요. 전자 쓰레기가 선진국에서 개발도상국으로 수출되면 그 나라의 지역 사회와 어린이, 여성에게 피해를 주거든요. 전자 쓰레기 피해를 줄이려면 어떻게 재활용하고 처리해야 할까요?

환경 불평등

금속 물질이 포함된 전자 쓰레기나 병원에서 나온 의료 쓰레기는 안전하게 처리하는 것이 가장 중요해요. 처리할 때 발생하는 오염 물질이 주민 건강에 나쁜 영향을 미치기 때문이에요. 선진국에서는 이에 대한 규제가 엄격한데, 그렇다 보니 이 규제를 피하려고 전자 쓰레기와 의료 쓰레기를 저소득 국가에 수출해서 버리기도 해요.

바젤 협약은 이러한 나라 간 쓰레기 불법 이동을 막기 위해 만들어진 국제 협약이에요. 1992년 스위스 바젤에서 발효되었고, 현재 우리나라를 포함해 188개국이 가입되어 있어요. 바젤 협약에 따르면 유해 폐기물은 가능한 한 생산된 국가에서 처리해야 해요. 그리고 각 나라는 다른 나라의 유해 폐기물을 거절할 주권적 권리가 있고요. 오로지 사전에 수입국의 동의를 받아야지만 국가 간 이동이 가능합니다. 쓰레기를 수출할 때는 경유하는 나라에도 사전 통보를 해야 하고요.

그러나 바젤 협약이 체결된 지 20년이 지났지만, 유해 폐기물의 국제 이동 문제는 여전히 잘 해결되지 않고 있어요. 왜냐면 이 협약은 오로지 회원국 간에만 적용되기 때문이에요. 선진국들은 재활용 기술과 설비를 갖추고 있음에도, 재활용 기준이 엄격하고 비용이 많이 들기 때문에 바젤 협약에 가입하지 않은 저소득 국가에 전자 쓰레기를 수출하곤 해요. 저소득 국가의 값싼 노동력과 비교적 엄격하지 않은 환경법을 악용한다는 비판에도 불구하고 말이에요. 고급 기술이나 설비가 없는 저소득 국가는 필요한 물질을 골라내는 수준으로 재활용할 뿐이고요. 결국 저소득 국가는 선진국이 수출한 전자 쓰레기 때문에 발생하는 환경 오염과 건강 피해를 고스란히 떠안는 셈이에요.

2021년 1월부터 바젤 협약 규제 대상에 플라스틱 쓰레기가 추가되었어요. 단일 재질이나 페트, 폴리에틸렌, 폴리프로필렌 3종으로만 혼합된 폐플라스틱은 수·출입할 때 신고해야 하고, 그 외 폐플라스틱 또는 혼합된 폐플라스틱은 허가까지 받아야 해요. 쓰레기 처리의 책임을 미룬 나라는 당장은 안전하고 깨끗해 보일 수 있지만, 지구 환경은 다 연결되어 있으므로 결국 피해는 돌아온다는 점을 명심해야 해요.

내 서랍 속의 작은 금광

여러분도 알다시피 서울에는 금광이 없어요. 그런데 집마다 광물이 가득하지요. 무슨 소리냐고요? 고장 난 선풍기, 사용하지 않는 휴대 전화, 노트북, 태블릿에서 금이나 은 같은 희귀 금속을 추출할 수 있기 때문이에요. 이처럼 폐전자 제품에서 금속을 추출해 재활용하는 것을 비유적으로 이르는 말이 바로 '도시 광산'이에요. 도시에서 광물을 캐낸다는 뜻이지요. 전 세계 금의 7퍼센트가 버려진 전기 전자 제품에 들어 있다고 추정해요. 내가 쓰던 전자 제품에서 금을 추출할 수 있다니, 아마 다들 귀가 솔깃할 거예요. 그럼 뭐부터 해야 하냐고요? 우선 잘 버리는 게 중요해요.

보통 TV나 냉장고 같은 대형 가전을 새로 사면 원래 쓰던 제품은 제조사에서 무상으로 회수해요. '한국전자제품 자원순환 공제 조합'에서 운영하는 폐가전 무상 방문 수거 서비스를 이용할 수 도 있고요. 홈페이지15990903.or.kr나 전화로 신청하면 수거 기사가 직접 방문해 수거한 후, 사용할 수 있는 부품들은 재활용합니다.

소형 전자 제품은 지자체에서 수거하는데요, 서울시는 소형 폐 가전을 전담 수거해 재활용하는 '서울 도시 금속 회수센터'를 운 영하고 있어요. 서울 시내 25개 자치구에서 발생하는 선풍기, 카 메라, 청소기, 라디오 같은 소형 전자 제품을 수거해 선별·해체· 파쇄한 다음 고철, 구리, 알루미늄 등 재질별로 재활용하지요.

스마트폰에서는 금, 은, 팔라듐, 로듐, 구리, 코발트 등의 희귀 금속을 얻을 수 있어요. 금광 1톤을 채굴하면 금 5그램을 얻을 수 있지만, 가전제품 1톤에서는 20그램, 컴퓨터 1톤에서는 52그램, 스마트폰 1톤에서는 무려 400그램을 얻을 수 있어요.

우리나라의 스마트폰 평균 교체 주기는 약 2년 9개월이에요. 매년 약 2,500만 대 이상 판매되지만 재활용되는 것은 730만 대 로 판매량의 30퍼센트 정도에 그치지요. 스마트폰을 바꾼 후 기 존에 쓰던 스마트폰을 버리지 않고 서랍 속에 넣어 두는 경우가 많을 텐데, 아마 처리하기 번거롭고 개인 정보가 유출될까 봐 걱 정되어서일 거예요. 그러나 폐스마트폰을 잘 처리하면 희귀 금속 을 재활용하는 첫걸음이 될 수 있어요. 지금 우리 집 서랍에서 잠 자고 있는 스마트폰이 몇 개나 있는지 한번 확인해 볼까요?

집에 잠자고 있거나 버려지는 스마트폰을 채굴하면 희귀 금속을 채굴할 수 있어요.

전자 쓰레기의 독성

전자 쓰레기를 폐기하려면 비용과 에너지가 많이 들어요. 폐전기·전자 제품에 들어 있는 수은, 크롬, 납 등의 중금속이 환경 오염을 일으킬 수도 있고요. 폐전기·전자 제품을 태울 때 나오는 유독 가스, 황산화물석유·석탄이 탈 때 생기며 대기 오염이나 산성비의 원인이 됨 등의 물질은 공기 오염을 일으켜요. 땅에 묻으면 땅이 오염되고, 침출수가 흘러나와 주변 수질에도 영향을 미칩니다. 휴대 전화에 포함된 납 성분이 하천으로 흘러 들어간다면 물고기가 살 수 없고, 우리 역시 그 물을 마실 수 없게 돼요.

건강에 미치는 영향도 무시할 수 없어요. 저소득 국가에서는 많은 어린이가 전자 쓰레기 처리장이나 매립지 주변에서 살거나 일합니다. 컴퓨터 칩에 들어있는 금을 캐내고 케이블 선에서 구리를 분리하는 일을 하는데, 이때 수은, 납, 다이옥신과 같은 화학 물질에 노출되고 오염된 공기를 마시게 되지요. 심지어 전문 장비는 커녕 장갑과 마스크도 없이 맨손으로 일하기 때문에 아주 위험해요.

고릴라 서식지를 파괴하는 전자 쓰레기

많이 쓰고 많이 버릴수록 낭비되는 자원도 많아집니다. 전기 전자 제품에 쓰이는 희귀 금속을 더 많이 캐내려고 하다 보니 생태계가 파괴되고 어린이 노동 문제까지 나타나고 있어요. 어린이들이 싼값에 금속 채취 노동에 동원되기 때문이에요. 중국에서 금속 채취 노동이 이루어지는 어느 지역의 시민 건강을 조사한 적이 있었는데, 이곳에 사는 엄마와 아기의 몸속 납 농도가 평균보다 5배나 높은 것으로 보고되었어요. 그뿐만 아니라 이 지역에 사는 어린이들의 평균 지능 지수가 낮고, 폐활량도 줄어든 것으로 나타났어요. 세계보건기구WHO는 이러한 피해를 줄이려면 무엇보다 국가 수준의 강력한 정책이 필요하다고 지적했어요.

특정 지역에 모여 있는 천연자원을 얻기 위한 나라 간 경쟁도 치열해지고 있어요. 콜탄을 가공해 얻은 탄탈룸은 스마트폰을 만들 때 꼭 필요한 소재인데, 스마트폰 내부 회로에 전압을 일정하게 유지하는 역할을 해요. 전 세계 사람들이 스마트폰을 사용하게 되면서 콜탄 수요는 당연히 많아졌지요. 콜탄은 스마트폰뿐 아니라 컴퓨터, 자동차, 우주 산업 등에도 사용되는 전자 기기의 핵심 재료예요.

그런데 콜탄은 70~80퍼센트가 아프리카의 콩고라는 나라에 매장되어 있어요. 콜탄이 필요한 곳은 이렇게나 많은데, 얻을 수 있는 지역은 한정적이라 이를 둘러싼 경쟁이 정말 치열해요. 콩고에서는 비싼 콜탄을 확보하기 위한 내전 때문에 많은 사람이 불안정하고 혼란한 사회에서 살아가고 있어요. 콩고의 한 국립 공원에 콜탄이 묻혀 있다는 소식에 사람들이 숲을 훼손하고 야생 동물을 마구 사냥하기도 했어요. 그곳은 멸종 위기 고릴라의 마지막 서식지였는데 말이에요.

전자 제품이 많아지고 또 많이 버려질수록 환경은 파괴됩니다. 우리가 매일같이 사용하는 스마트폰이 지구 반대편 콩고 사람들의 생활, 그리고 멸종 위기에 처한 고릴라와 무관하지 않다는 걸 잊지 말도록 해요.

기업의 책임

전자 제품을 오래 쓸수록 성능이 떨어지는 것은 어쩔 수 없는 사실이에요. 하지만 가능한 한 오래 써야지만 전자 쓰레기를 효과적으로 줄일 수 있어요. 그러므로 기업에서는 제품을 만들 때 소비자가 오래 사용할 수 있도록 쉽게 노후되지 않게끔 만들어야 해요.

최근 전기·전자 제품 중 충전형 제품이 많아지면서 충전기를 통일해야 한다는 사용자의 요구가 커지고 있는데요, 이처럼 오래 사용할 수 있는 제품, 잘 수리할 수 있는 제품을 만들라고 기업에 당당히 요구하는 것이 소비자의 권리입니다. 이제는 소비자가 가성비가 아닌 가치를 따지기 시작했거든요. 환경을 생각하지 않는 기업은 앞으로 점점 더 외면받게 될 거예요. 결국 소비자의 요구에 따라 ESG 경영을 하는 기업만이 살아남게 될 거고요.

계획된 노후화 금지

"우와, 5년이나요?" 스마트폰을 5년이나 썼다고 하면 주변 사람들이 놀랍니다. 불과 2~3년만 사용해도 속도가 느려지고 성능이 떨어져서 새 걸로 바꾸는 게 일반적이기 때문일 거예요. 오래 쓰고 싶어도 버벅대고 배터리가 빨리 닳으니 어쩔 수가 없지요.

2017년, 이른바 '아이폰 배터리 게이트' 사건이 일어났어요. 배터리가 충분히 남아 있는데도 갑자기 다운되는 문제가 생기자 애플은 소프트웨어를 업데이트하도록 했어요. 그런데 업데이트할수록 기기 성능은 더 떨어지고 속도도 느려졌어요. 배터리 수명이 줄어들수록 성능도 같이 떨어지는 문제에 대해 애플은 주변 기온이 낮아지면 전원이 꺼지게 되는 현상을 막기 위해 '성능을 낮춘 업데이트'를 하도록 했다고 해명했어요. 사용자의 동의 없이 기기의 성능을 떨어트린 점에 대해 사람들은 거세게 비판했지요.

문제가 불거지자 애플은 배터리 교체 비용을 지원하고 성능 제한이 없는 소프트웨어 업데이트를 제공했어요. 그러나 들끓는 여론은 쉽게 가라앉지 않았어요. 결국 애플은 공식 사과를 했습니다. 성능 저하는 신제품을 팔기 위한 상술이라며 시민들은 분노했고, 세계 각국에서 배터리 게이트에 대한 집단 소송이 이어졌어요. 미국에서 제기된 집단 소송에 패소한 애플은 결국 1억 1,300만 달러의 합의금을 냈어요. 프랑스는 애플에 과징금을 부과했고요.

스마트폰 사용 기간이 길어지면 배터리 성능이 떨어지는 것은 어쩔 수 없습니다. 그럼 배터리만 교체하면 되는데, 요새 출시되는 스마트폰은 배터리 일체형이라 결국 새 제품으로 바꾸는 경우가 대부분이에요. 그러므로 애플이 소프트웨어 업데이트를 하면 속도가 느려진다는 점을 이용자에게 밝히지 않은 건 중요한 문제예요. 소비자가 끊임없이 신제품을 사도록 일부러 쉽게 고장 나게 만들거나, 조금만 시간이 흘러도 진부하게 보이도록 하는 것은 명백하게 제조사가 의도한 계획적 진부화, 설계된 노후화라 볼 수 있어요.

그동안 기업이 의도적으로 제품의 수명을 단축하거나 성능을 노후화해서 수많은 멀쩡한 제품이 버려져 왔어요. 그러므로 소비자 역시 가만히 앉아 당하기만 할 게 아니라, 생산자에게 제품과 관련된 정보를 적극적으로 요구해야 해요.

중고 스마트폰 거래 가격이 내려갈 때는 신제품이 나올 때라고 하지요. 유행에 뒤처지지 않기 위해, 과시하고 싶은 마음에, 디자인이 세련되어서, 기능이 좋아져서 등 새 제품을 사는 이유는 다양합니다. 여러분이 물건을 살 때 가장 우선시하는 건 무엇인가요? 앞으로는 나의 소비가 거대 기업을 바꿀 수도 있다는 점을 기억하면서 신중하게 결정하도록 해요.

충전기 통일하기

여행 갈 때 충전기를 한 번 더 확인하는 버릇이 생겼어요. 하나씩 빠트려 고생한 적이 종종 있거든요. 스마트폰, 노트북, 카메라 충전용 선이 다 달라서, 챙기고 보면 한가득이에요. 스마트폰을 예로 들면, 갤럭시에서 아이폰으로 바꾸면 충전기도 바뀝니다. 원래 쓰던 충전기가 멀쩡해도 새 기기에 쓸 수 없으니 무용지물이지요. 같은 제조사여도 제품이 출시된 시점에 따라 충전기 규격이 달랐던 적도 있어요.

전자 제품의 충전기가 늘어나는 만큼 버려지는 충전기도 많아졌어요. 유럽 내에서는 작년에 약 4억 2천만 대의 휴대폰과 충전기가 판매되었는데요, 사용되지 않은 충전기를 포함한 전자 폐기물이 연간 약 1만 1,000톤이나 발생했다고 해요. 이에 충전기 규격을 통일해야 한다는 목소리가 나오게 되었지요. 불필요한 쓰레기를 줄이고 사용자의 편리함도 높이기 위해서예요. 유럽 연합은 충전기를 통일하면 연간 1만 1,000톤가량의 전자 폐기물을 줄일 수 있을 것으로 보고, 앞으로는 USB-C로 통일하기로 했어요. 유럽 연합 회원국 내에서 휴대 기기를 만드는 기업들은 2024년까지 충전기를 USB-C로 통일해야 해요. 스마트폰, 태블릿뿐 아니라 디지털카메라, 전자책 리더기, 전자 장난감 등의 IT 기기가 모두 해당됩니다.

유럽 연합이 충전기 규격을 단일화하면서, 소비자는 충전기가 포함된 제품을 살지 아니면 충전기 미포함 제품을 살지 고를 수 있게 되었어요. 그러나 제조사나 나라별로 다른 의견도 있어요. 브라질 정부는 스마트폰을 판매할 때 반드시 충전기를 포함하도록 했어요. 그리고 충전기 없이 스마트폰만 판매한 애플사에 과태료를 부과했지요. 충전기는 스마트폰의 필수 부속품이므로, 충전기 없이 판매한 것은 소비자의 정당한 권리 침해라는 거예요. 그러나 애플은 충전기에 사용되는 아연과 플라스틱의 사용량을 줄일 수 있어 탄소 배출량을 감축할 수 있다는 입장이에요.

충전기를 표준화하면 일단 이용자가 편하고, 또 수리하기 쉬워져서 기기의 수명을 연장할 수 있어요. 이처럼 전자 쓰레기를 줄이는 법은 생산 단계부터 고려되어야 하기 때문에, 전자 기기를 만들고 판매하는 제조사는 더 많은 책임을 져야 할 거예요.

책임지고 재활용하기

여러분은 다 쓴 전자 제품을 어떻게 버리는지 알고 있나요? 아마 모르는 사람이 더 많을 거예요. 생활 쓰레기는 매주 버리니까 익숙하지만, 전자 제품을 버리려고 하면 왠지 망설이게 됩니다. 주민 센터에 신고해야 하는지, 배터리나 충전 선은 종량제 봉투에 넣어도 되는지 헷갈리지요. 버리는 방법을 몰라 그냥 보관하고 있기도 해요.

우리나라에서는 전기·전자 제품에 대한 생산자의 책임이 큽니다. 일단 전자 제품을 설계하고 생산하는 단계부터 납, 수은 등 유해 물질 사용을 제한해요. 또 재활용이 쉬운 재질을 사용하고, 다 쓴 전자 제품은 일정 비율 이상 회수해서 재활용하도록 하지요. 이처럼 제품을 설계하고 만들고 버리기까지의 전 과정이 일정 수준 환경친화적이도록 보장하는 제도가 '환경성 보장제'입니다. 텔레비전, 냉장고, 노트북, 휴대폰 등 일상에서 사용하는 많은 전자 제품은 환경성 보장제에 따라 제조되고 폐기되어야 하지요. 따라서 이러한 제품을 생산하는 제조사는 제품을 만드는 모든 과정에서 환경에 끼치는 영향을 최소화하도록 노력해야 합니다.

환경부는 전기·전자 제품 재활용을 활성화하기 위해 생산자 1인당 전기·전자 제품 장기 재활용 목표량을 정했습니다. 2023년도 목표량은 1인당 8.60킬로그램이에요. 27개 품목에 재활용 목표량을 정하고 재활용 실적을 달성하도록 했지요. 재활용 목표량을 달성하지 못한 제조사는 부과금을 물어야 합니다.

그 외에도 제품을 만든 사람이 책임지고 그 제품의 일정량을 재활용하게끔 의무를 부여하는 '생산자 책임 재활용 제도'도 운영합니다. 그중 수은 전지, 건전지 등 전지 6종은 폐건전지 수거함을 두고 별도로 수거하지요. 수거함은 학교, 주민 센터, 아파트 단지에서 쉽게 찾아볼 수 있어요.

최근 사용량이 급증한 보조 배터리에 사용되는 리튬 2차 전지는 아직 별도로 수거하지 않아요. 그런데 리튬 2차 전지가 내장된 장난감이 재활용 선별장 파쇄기에 들어가면 충격이 가해져 폭발이 일어나는 게 문제예요. 재활용 업체와 선별장에서 화재가 자주 일어나는 원인 중 하나지요. 그래서 생산자가 책임지고 리튬 2차 전지도 별도로 수거·처리해야 한다는 의견이 있어요. 리튬 2차 전지를 사용하는 제품으로는 보조 배터리, 무선 청소기 배터리, 드론 배터리, 충전해서 사용하는 장난감, 선풍기 등이 있어요. 점점 많아지는 리튬 2차 전지를 효과적으로 수거하고 재활용하려면 어떻게 해야 할까요?

고쳐서 쓰기

"앗, 미끄러워." 냉장고 앞에서 발이 미끄러질 뻔했어요. 웬 물이 흥건하더라고요. 물바다가 된 바닥을 닦다가 냉장고를 열어보니 이런, 냉기가 없네요. 24시간 365일 내내 가동되는 냉장고가 고장 난 건 정말 끔찍한 일이에요. 다행히 바로 다음 날 수리 센터의 전담 기사가 방문해 냉매를 교체했고, 냉장고를 다시 사용할 수 있었어요.

우리는 TV나 냉장고 같은 대형 가전이 고장 나면 제조사가 운영하는 수리 센터에 전화해서 비교적 쉽게 수리받곤 해요. 그러나 선풍기, 블루투스 스피커 등의 소형 가전은 고치는 것보다 버리고 새로 사는 게 오히려 더 쉬워요. 산 지 오래된 선풍기라면 부품을 구하기가 어렵고, 스피커는 수리하는 비용이 더 비싸기 때문이에요. 부품을 쉽게 구할 수 있다면, 고칠 수 있는 사람이 주변에 있다면 더 오래 썼을지도 몰라요.

우리에겐 수리할 권리가 있다

불과 30년 전만 해도 동네 골목마다 전파사전자 제품을 수리하는 가게가 있었어요. 전파사 사장님은 무엇이든 고칠 수 있다는 믿음이 있었지요. 그래서 라디오, 선풍기, 밥솥, 다리미 같은 전자 제품이 고장 나면 가장 먼저 전파사에 갔어요. 그러나 전파사가 점점 사라지면서 교체할 부품도, 수리할 사람도 찾기 어려워졌어요. 새 걸 사는 게 더 싸고 편리해진 거죠.

그리고 예전에는 전자 제품이 지금보다는 비교적 단순한 형태였기 때문에 뚜껑을 열어 선을 연결하거나 작은 부품을 교체하는 정도는 집에서도 쉽게 할 수 있었어요. 그러나 지금은 뚜껑조차 열기 어렵게 만들어지고, 내부 구조도 상당히 복잡해서, 일반 소비자가 직접 수리하기엔 어려움이 많아요.

게다가 대부분 기업은 공식 수리점에서만 수리받도록 하고 있어요. 사설 수리점에서 수리받은 이력이 있으면 제품을 보증하지 않기 때문에 소비자는 가격이 더 비싸도 공식 수리점에 갈 수밖에 없지요. 그리고 기업은 소비자에게 제품 수리 정보를 공들여 제공하지도 않아요. 그보다 신제품 홍보에 더욱 집중하지요. 하나의 제품을 잘 수리해서 오래 쓰는 것보다 새 제품을 계속 사는 게 기업에는 훨씬 이득이니까요.

전자 쓰레기가 많아지면서, 전자 기기를 오래 사용해 자원을 절약하고 환경을 보호해야 한다는 목소리가 높아졌어요. 소비자가 제품을 원활하게 수리할 수 있도록 부품을 단종하지 말고, 수리 설명서를 제공해야 한다는 논의도 전 세계적으로 활발해졌고요. 이에 발맞춰 유럽 연합은 2021년 3월 '수리권 보장법'을 통과시켰어요. 10년간 부품을 단종하지 말고 수리 설명서도 의무적으로 공개하도록 하는 법이에요. 유럽 내 모든 스마트폰의 수명을 1년 연장하면, 2030년까지 매년 이산화탄소 210만 톤을 감소시킬 수 있다는 연구 결과가 이러한 법안을 끌어낼 수 있었어요. 제조사는 그동안 제품의 안전한 사용을 이유로 공식 수리점만 이용하도록 했는데, 이제는 소비자가 사설 수리 서비스를 받았다 하더라도 품질 보증이나 수리를 거부할 수 없어요.

제조사는 사설 업체에서 수리하면 기술 관련 영업 비밀이나 저작권이 침해될 수 있고, 개인 정보가 유출될 수도 있다고 주장해요. 그러나 해외 주요 국가들은 기업의 이익보다 자원 절약과 전자 쓰레기 문제 해결이 더 시급하다고 판단한 것 같아요. 영국도 2021년에 '수리할 권리 법안'을 통과시켰고, 미국은 34개 이상의 주에서 수리권 관련 법안이 발의되었어요.

2022년부터 애플과 삼성전자는 미국에서 일부 제품에 대해 사설 수리점을 통해 부품을 판매하기 시작했어요. 애플은 소비자가 직접 수리할 수 있도록 수리 장비 대여 서비스를 시작했고요. 이러한 서비스를 통해 전자 기기 사용 기간이 늘어나면, 전자 쓰레기양도 점점 줄어들 거예요.

수리 가능성 지수

전자 제품을 살 때 여러분은 무엇을 가장 중요하게 생각하나요? 오래 쓸 수 있는지, 가격이 적절한지, 디자인이 예쁜지 등 여러 기준이 있을 거예요. 제가 중요하게 여기는 기준은 바로 '에너지 효율 등급'이에요. 에너지 효율 등급은 말 그대로 제품의 에너지 효율이 얼마나 높은지에 따라 1~5등급으로 나누어 표시하는 정보예요. 전자 제품에서 에너지 효율 등급을 가장 먼저 찾아본다는 건 어쩌면 환경 운동가의 습관일지도 모르겠네요. 이왕이면 에너지 효율이 높은 것을 선택해 자원을 절약하려는 작은 노력이지요.

프랑스에서는 환경과 관련해 에너지 효율 등급 외에 한 가지 정보를 더 제공해요. 바로 '수리 가능성 지수'입니다. 제품이 고장 나면 어느 정도로 수리할 수 있는지에 대한 정보예요. 2021년부터 드럼 세탁기, 스마트폰, 노트북, TV, 잔디 깎는 기계까지 총 5개의 제품에 수리 가능성 지수를 적용했어요.

수리 가능성 지수는 다섯 가지 기준으로 점수가 매겨져요. ① 소비자에게 제품 기술과 관리에 대한 정보가 제공되었는지, ②

수리할 때 제품 분해가 가능한지, ③ 수리에 필요한 부품을 쉽게 구할 수 있는지, ④ 부품의 가격은 적정한지 ⑤ 제품의 특성에 따른 특이사항이 있는지에 대해 수리 가능 범위를 계산해 1~10점 사이의 점수가 매겨집니다. 그리고 점수가 높은 순서대로 빨간색, 주황색, 노란색, 연두색, 녹색으로 표시되지요. 수리 가능성 지수를 시행한 후로 많은 기업이 정보를 제공하고 있고, 또 개선하려 노력한다고 평가해요.

물건을 수리해서 오래 쓰고자 하는 것은 개인의 노력에만 달린 문제가 아니에요. 내가 아무리 노력한다 한들 기업에서 계획적으로 노후화하거나 쉽게 수리받지 못하게 하면 어쩔 수 없기 때문이에요. 그러므로 전자 쓰레기를 줄이는 것은 결국 사회 구조의 문제라고 할 수 있어요. 기업은 물건을 만들 때 나중에 수리받을 것까지 생각해서 만들어야 하고, 수리와 관련된 정보와 부품을 소비자에게 제공해야 해요. 그것이 지속 가능한 세상을 위한 기업의 책임이에요.

탄소 뿜는 메일함

한번 산 전자 제품은 가능한 한 오래 사용하고, 고쳐서 사용하고, 버릴 땐 잘 버리도록 해봅시다. 그렇게만 해도 환경 오염을 크게 줄일 수 있거든요. 전자 쓰레기를 줄이기 위해 여러분이 일상에서 실천할 수 있는 몇 가지 구체적인 방법을 소개할게요.

먼저 메일함을 정리해 보세요. 이메일을 확인하고 나서 보관하지 않을 메일은 바로 삭제하는 거죠. 잘 읽지 않는 메일이나 스팸 메일은 수신 거부를 해도 좋습니다. 메일함만 잘 관리해도 탄소 배출을 줄일 수 있어요. 구글, 네이버, 카카오 등의 기업에서는 우리의 메일함에 있는 사진과 파일을 저장할 데이터 센터를 운영하는데, 이 데이터 센터는 1년 365일 24시간 작동되다 보니 대규모로 전력을 소비해요. 그리고 전력이 소모되는 만큼 많은 열에너지가 발생하는데, 회로 과열을 막기 위해서는 필수적으로 열을 식히는 냉방 기기를 사용해야 해요. 보관하는 데이터양이 많아질수록 냉방 기기도 많아질 수밖에 없겠죠. 컴퓨터도, 냉방 기기도 수명을 다하면 결국 전자 쓰레기로 버려집니다. 그러므로 꼭 필요한 메일만 보관하는 습관을 들여 보세요.

두 번째, 직접 고쳐 봅시다. 예전에 고장난 믹서기를 직접 고쳐 보려 했지만 방법도 모르고 물어볼 사람도 없어서 못 고친 적이 있어요. 만약 그때 집 근처에 수리 방법을 알려 주는 곳이 있었다면 어땠을까요? 그때는 몰랐지만, 전자 제품 수리에 대한 정보를 제공하고 수리를 도와주는 곳이 진짜 있더라고요. 바로 '리페어 카페repaircafe.org'입니다. 고장 난 물건을 직접 고칠 수 있는 공간으로, 2009년 네덜란드 암스테르담에서 시작되어 전 세계 2,400여 곳으로 늘어났어요. 한 해에 4만 5,000여 개의 제품이 수리되고, 약 3만 6,000명의 봉사자가 활동해요. 우리나라에서도 서울

신촌, 서울 새활용 플라자seoulup.or.kr, 서울 성동 공유센터에서 리페어 카페가 운영된 적이 있어요. 직접 수리해 보고 싶었지만 엄두를 못 내던 시민들에게 매우 반가운 기회였지요. 아쉽게도 지금은 운영하지 않습니다.

매년 10월 셋째 주 토요일은 '국제 수리의 날'이에요. 제조사에 적극적으로 수리에 대한 정보를 요청하고, 고쳐 쓰는 문화가 퍼져나갈 수 있도록 나부터 먼저 노력해 봅시다. 더 많은 사람이 수리 경험을 나눌수록 자원이 절약되고 공동체 문화도 회복될 거예요.

진로 찾기 환경 변호사

2022년 여름, 드라마 <이상한 변호사 우영우>가 인기리에 방영되었어요. 이 드라마는 변호사로 활동하는 주인공의 모습을 보여주면서 다양한 사회 문제를 다루었어요. 그중에는 환경 문제도 있는데, 예를 들면 도로 건설 때문에 환경이 훼손되어 주민과의 갈등이 일어난 사건이 있었습니다. 고래를 좋아하는 주인공이 "돌고래 쇼 중단하고 바다로 돌려보내라!"라고 적힌 팻말을 들고 직접 시위하는 에피소드도 있었고요. 수백 년 된 당산나무가 천연기념물로 지정되어 도로 건설이 중단된 장면, 그리고 돌고래 쇼 중단을 요구하는 시위 장면을 통해 야생 동식물 보호의 필요성을 전달했습니다.

우리나라 헌법 제35조는 "모든 국민은 깨끗한 환경에서 생활할 권리를 가지며 국가와 국민은 환경 보전을 위해 노력해야 한다"라고 말합니다. 환경 변호사는 환경 오염 때문에 피해를 입은 사람들을 구제하고, 피해를 예방하는 법과 제도를 만드는 데 참여해 국민이 환경권을 보장받을 수 있도록 돕습니다. 환경권은 '건강하고 쾌적한 환경 속에서 인간답게 생존할 수 있는 권리'를 말하는데요, 환경 문제가 발생하면 사회적 약자의 환경권이 가장 먼저 침해를 당하게 됩니다. 사회적 약자에는 멸종 위기 야생 동식물도 포함돼요.

법률가가 되려면 흔히 로스쿨이라고 불리는 법학 전문 대학원에 진학해야 해요. 법학 전문 대학원은 변호사 양성이 목표인 전문 대학원이에요. 이곳을 졸업하고 변호사 시험에 합격하면 변호사 자격을 얻습니다. 변호사에는 교통법 전문 변호사, 부동산 전문 변호사, 형사 전문 변호사 등 다양한 전문 변호사가 있는데, 환경 문제에 대한 국민의 인식이 높아지면서 환경법 전문 변호사도 등장하게 되었어요.

공사 지역에 소음이나 먼지, 진동 피해가 발생하거나 일조권태양빛을 쬘 권리이 침해될 때가 있어요. 그럴 때 환경 변호사는 공사 금지를 신청하거나 손해 배상 소송 등을 제기해 피해 주민이 보상받도록 합니다. 또 어떤 개발 사업이 기준과 절차에 맞지 않게 진행될 때가 있는데, 그럴 때 행정 기관이 내린 결정에 이의가 있으면 행정 소송을 제기하기도 하고요. 심각한 환경 훼손을 일으킨다고 판단되는 사업이 있다면, 그 사업을 중단시키기 위한 법률 자문이나 소송을 진행하기도 합니다. 환경 문제에 더 많은 사람이 관심을 가질 수 있도록 사회에 공론화하는 활동도 하고요.

환경법이 까다로워지면서 기업은 환경법 전문가를 필요로 하게 되었어요. 환경 변호사는 기업이 어떤 제품을 만들 때 환경법에 걸리지 않는지, 또는 기업의 정책이 환경을 해치지 않는지 관련된 법 내용을 확인하고 법을 지키도록 돕습니다. 중앙 정부나 지자체 같은 공공 기관에서 고문 변호사어떤 분야에 대한 전문 지식과 풍부한 경험을 바탕으로 조언하는 직책을 맡은 변호사나 법률 지원 담당관으로 일하기도 하고요. 정책 목표를 달성하려고 하는데 법적 수단이 없다면, 법을 개정하도록 건의해서 새로운 제도를 만들기도 합니다. 환경 문제에 관한 법적 대응을 전문으로 하는 공익 변호사가 될 수도 있어요.

환경 변호사는 환경 엔지니어, 인권 운동가, 동물권 단체 등 다양한 분야의 사람들과 협력해요. 제도를 만들고 법을 바꿈으로써 세상을 바꾸는 보람을 느낄 수 있는 직업이므로, 환경 보호에 관심이 있는 독자라면 환경 변호사를 준비해 보는 건 어떨까요?

별로 산 것도 없는데 택배 한 번 시키면 온갖 포장재 쓰레기가 금세 쌓이고 맙니다. 이에 죄책감을 느낀 시민들은 '제로웨이스트^{zero} ^{waste}'라는 대안을 찾기 시작했어요. 제로웨이스트는 우리말로 번역하면 '쓰레기 없애기'입니다. 말 그대로 일상생활에서 우리가 사용하는 모든 제품이 재사용·재활용될 수 있도록 해서 최대한 쓰레기를 만들지 않는 생활 방식이 바로 제로웨이스트예요. 제로웨이스트의 개념은 2000년대 초에 생기기 시작했고, 점차 제로웨이스트 실천 운동이 확산하면서 제로웨이스트 매장이 생겨났습니다.

우리나라는 2016년에 첫 제로웨이스트 매장이 생긴 뒤, 약 300개로 매장이 늘어났어요. 제로웨이스트 매장은 포장재를 최소화한 친환경 생활용품을 판매해요. 빈 병을 가져오면 샴푸, 세제, 잡곡 등

알맹이만 담아 갈 수 있는 리필 스테이션도 운영하고요. 간혹 꼭 구매하지 않아도 된다고 안내하는 곳도 있는데, 필요한 물건만 사는 것이 제로웨이스트의 취지이기 때문이에요.

제로웨이스트 매장에서는 모으면 자원으로 활용할 수 있음에도 쓰레기로 버려지는 것들을 수거해요. 고급 화장지로 재활용할 수 있지만, 수거가 제대로 되지 않아 버려지는 우유 팩을 모아 재활용하도록 돕고, 투명 페트병을 수거한 뒤 전문 재활용 업체나 회사에 전달하기도 합니다. 병뚜껑을 모아 플라스틱 방앗간서울환경연합의 플라스틱 자원 순환 프로젝트에 보내기도 하고요.

매장에 방문한 시민들은 환경 관련 정보를 얻고, 얻은 정보를 일상에서 실천함으로써 친환경 생활을 할 수 있습니다. 그러므로 제로웨이스트 매장은 단순히 물건만 파는 곳이 아니라 시민들이 자연스럽게 친환경 문화를 접하도록 돕는 역할도 하는 곳이에요. 환경 문제 해결과 공동체 협력에 관심이 있다면 제로웨이스트 매장 운영을 고려해 보세요.

제로웨이스트 매장에서 살 수 있는 것

- 리필할 수 있는 제품: 잡곡, 시리얼, 견과류, 커피 원두, 차^{tea}, 파스타면, 세제
- 무포장 제품: 고체 치약, 고체 비누, 설거지 비누

- 자연 분해 제품: 천연 수세미, 천연 치실, 삼베 마스크, 대나무 칫솔
- 재사용 제품: 면 생리대, 스테인리스 빨대, 다회용 밀랍 푸드백, 다회용 커피 필터, 다회용 삼각 티백
- 기타: 재생 종이 노트, 재생 커피 연필, 공정 무역 제품

4장

무분별한 개발이
가져온 결과

눈에 보이지도 않는 미세 플라스틱부터
저 드넓은 우주를 떠다니는 우주 쓰레기까지
쓰레기는 인간의 영향력이 미치는 곳 어디에나 있다.

어디에나 있는 쓰레기

옛날에는 바다에 쓰레기를 마구 버려도 문제가 되지 않았습니다. 눈에 보이지 않으니 죄책감도 없었지요. 심지어 바다에 버리는 것은 쓰레기를 처리하는 합법적인 한 방법이었어요. 어부들은 고기를 잡다가 망가진 어구, 밧줄, 그물에 걸려 올라온 쓰레기를 다시 바다에 버렸어요. 이 쓰레기 때문에 해양 생물이 죽어 간다는 사실이 알려지기 전까지 말이에요.

버려진 그물에 신음하는 바다

너그럽고 속이 깊은 마음씨를 가리켜 '바다와 같은 마음'이라고 말하곤 합니다. 깊이를 알 수 없을 정도로 깊고, 지구 표면의 70 퍼센트를 차지할 만큼 넓은 바다에 빗댄 표현이지요. 그런데 바다는 그 넓고 깊은 마음으로 그동안 인간이 버린 쓰레기까지 다 받아 주었어요. 우리가 생활하면서 만든 쓰레기가 바다로 가면 '해양 쓰레기'가 되는데, 우리나라 해양 쓰레기 발생량은 2018년 기준 연간 14.5만 톤이에요. 하천과 강을 통해 바다로 흘러 들어간 쓰레기와 해변에 온 관광객과 주민이 버린 쓰레기는 이 중 65.3퍼센트에 해당합니다.

그런데 우리가 버린 플라스틱 쓰레기만큼이나 바다를 오염시키는 쓰레기가 있습니다. 바로 어업 쓰레기예요. 우리는 거북이 코에 꽂힌 빨대와 새 다리에 걸린 마스크, 고래 배 속에 가득 찬 비닐봉지를 보며 플라스틱을 줄이기 위한 노력을 강조해 왔습니다. 물론 옳은 일입니다. 그러나 바다에는 우리가 생각한 것보다 훨씬 많은 어업 쓰레기가 있습니다. 어업 쓰레기를 줄이기 위한 어업 방식의 변화와 어민들의 노력도 플라스틱 줄이기만큼 무척 중요합니다.

어업 활동에 사용된 어구와 어망이 대표적인 어업 쓰레기예요. 다 쓴 그물이나 부표가 바다에 버려져도 얼마나 버렸는지, 무엇을 버렸는지 알 수가 없습니다. 그러다 보니 책임을 묻기 어려웠고, 어업 쓰레기 문제는 그렇게 한동안 방치되었어요. 바다에 버려진 어구에 물고기가 걸려 죽게 되는 것을 '유령 어업'이라고 하는데, 국내에서 1년 동안 잡히는 수산물의 10퍼센트가 유령 어업입니다. 바위틈에 통발이 꽂히고 그물들이 엉켜 있다 보면 물고기가 들어갔다가 빠져나오지 못해서 죽게 되는 거죠.

일단 어업 쓰레기가 한번 바다로 들어가면 다시 수거하기가 쉽지 않습니다. 잠수부가 들어가서 폐어구를 하나하나 수거하려면 시간이 오래 걸리고, 그것도 수심 10~20미터 이내에서만 가능합니다. 더 깊이 들어가려면 장비를 써야 하는데, 비용이 많이 듭니다. 그래서 바다로 들어간 어업 쓰레기를 수거하기보다 애초에 바다로 들어가지 못하게 막는 게 중요해요.

어업 쓰레기를 줄이기 위해서는 어구를 잘 관리해야 합니다. 우리나라도 2023년부터 어구에 소유자를 표시하는 어구 실명제가 도입되었어요. 그물을 설치한 곳에 설치한 어선의 이름이나 어선 번호 등의 정보를 표기하는 제도지요. 또, 다 쓴 어구를 반납해 재활용하는 체계를 만들기 위해 어구 보증금 제도도 시행한다고 합니다. 어구를 구매할 때 보증금을 내고, 반납할 때 보증금을 돌려받을 수 있게 하는 거죠. 어구 보증금제가 시행되면 방치되는 어구가 줄어들 수 있을 거예요.

호텔이 된 감옥

여러분은 태어난 곳에서 지금까지 살고 있나요? 만약 이사했다면, 어렸을 때 살던 동네에 다시 가본 적이 있나요? 가보면 아마 낯설다고 느낄 거예요. 어딜 가나 오래된 건물을 수리하거나, 아니면 철거하고 새 건물을 짓는 공사가 한창이거든요. 우리나라

건축물의 수명은 약 24년으로, 다른 나라에 비해 짧은 편입니다. 건물뿐만 아니라 새로 건설하는 도로도 많고요. 그래서 전국 곳 곳에 건설 쓰레기가 꾸준히 발생합니다.

우리나라 쓰레기 발생량 약 2억 톤 중에서 건설 쓰레기는 약 8,600만 톤으로, 가장 높은 비율을 차지해요. 건설 쓰레기의 재 활용률은 98퍼센트에 이른다고 하지만, 발생량이 워낙 많아서 매립되는 나머지 2퍼센트도 결코 적은 양이 아니에요. 우리나라 는 땅덩이가 작은 탓에 매립량을 더 줄여야 하거든요.

그렇다면 건설 쓰레기를 줄이는 가장 효과적인 방법은 무엇일 까요? 바로 오래 쓰는 거예요. 애초에 쓰레기가 되지 않도록 건 물과 도로를 오래오래 사용하면 돼요. 튼튼하게 짓고 관리를 잘 하면 몇십 년도 사용할 수 있어요. 원래의 용도를 다했어도 부수 지 않고 보존하는 사례도 전 세계에 많은데요, 겉모습은 낡았지 만 문화유산으로써 역사와 전통을 보여 줄 수 있기 때문이에요.

175년 동안 죄수를 가뒀던 핀란드의 '카타야노카 감옥'은 호텔 로 재탄생했어요. 허물지 않고 호텔로 재단장하면서 이 건물의 역사적 가치를 보존할 수 있었어요. 관광객이 많이 찾게 되어 관 광 산업도 활성화되었고, 호텔 운영에 필요한 일자리도 생겨 지 역 경제에 큰 도움이 되었지요. 독일의 소도시 카를스루에의 한 탄약 공장은 매년 22만 명이 방문하는 세계 최고의 미디어 아트 센터 'ZKM'으로 개조되었어요. 영국 런던의 버려진 화력 발전소

런던에 있는 현대 미술 전문 미술관 테이트 모던의 모습입니다. 원래는 화력 발전소였어요.

는 현대 미술관 '테이트 모던'으로 탈바꿈했고, 네덜란드 암스테르담의 '베스터 가스 공장'은 공원, 극장, 콘서트장 등이 있는 문화 공간으로 다시 태어났어요.

우리나라에도 다양한 사례가 있어요. '서울로 7017'은 서울역 근처의 낡은 고가 도로를 보수해 사람이 다니는 공원으로 만든 곳이에요. 서울 마포구 상암동의 '문화 비축 기지'는 더 이상 사용하지 않는 석유 비축 탱크를 철거하지 않고 문화 공간으로 재사용한 사례고요. 다양한 전시와 행사가 열려 많은 시민이 찾는 곳입니다. 순천의 한 간장 공장은 '기억 공장 1945'라는 이름의 문화 전시 공간으로, 강화도의 한 방직 공장실을 뽑아 천을 만드는 공장은 '조양 방직'이라는 이름의 카페로 운영되고 있어요.

감염이 무서운 의료 쓰레기

병원에서 사용된 일회용 주사기, 수술할 때 사용한 장갑이 집 앞에 버려져 마구 나뒹굴고 있다면 우리는 그것을 선뜻 주울 수 있을까요? 과자 봉지는 쉽게 주울 수 있지만, 주사기는 그렇지 않아요. 2021년 3월, 부산의 한 아파트 단지에서 의료 쓰레기가 무더기로 발견되었고, 이것을 처리하던 수거업체 직원이 주사기에 찔렸다는 기사가 보도된 적 있어요. 사람의 몸에서 나온 피나 체액이 묻은 주사기를 잘못 만지면 감염될 수 있어서 매우 위험해요. 그래서 의료 쓰레기는 엄격하게 관리되어야 하지요.

의료 쓰레기는 의료 기관에서 배출되는 쓰레기 중에서 감염될 위험이 있는 쓰레기를 말해요. 병원, 보건소, 동물 병원, 검사 기관 등에서 배출된 것에 한정하지요. 예를 들어, 집에서 사용한 주사기는 의료 쓰레기가 아닌 생활 쓰레기로 분류해요. 잘 감싸서 종량제 봉투에 버리면 되지요.

그럼 병원에서 나온 쓰레기는 전부 다 의료 쓰레기일까요? 그렇지 않아요. 포장재나 링거병, 수액 팩 같은 것들은 재활용품으로 배출할 수 있어요. 의료 쓰레기는 인체나 동물의 신체 또는 장기의 일부, 주삿바늘, 혈액이나 분비물이 묻어 있는 붕대 등이에요.

이러한 의료 쓰레기는 어떻게 처리되고 있을까요? 의료 기관에서는 의료 쓰레기를 담은 전용 용기를 밀폐·포장된 상태로 보관해야 하고, 배출할 때는 전용 운반 차량으로 운반해 전용 소각 시설이나 멸균 시설에서 처리해야 해요. 의료 쓰레기 전용 배출 용기에 무선 인식전자 태그 스티커를 붙여 언제 배출되었는지, 언제 소각되었는지 확인할 수 있어요. 감염을 방지하기 위해서는 처리 과정을 엄격하게 관리하는 것이 매우 중요해요.

그러나 의료 쓰레기가 제대로 처리되지 않는 경우가 종종 발생해요. 병원에서 배출된 의료 쓰레기가 전자 태그 기록상으로 소각되었지만 실제로는 창고에 쌓여 있던 적이 있었어요. 의료 쓰레기 처리 비용이 생활 쓰레기 처리 비용보다 3~5배나 높다 보니 비용을 줄이기 위해 허가받지 않은 불법 창고에 방치한 사건이었지요. 이렇게 방치하면 세균 감염 위험이 커지고, 독성이 있는 침출수가 주변 환경을 오염시킬 수 있어요. 환경부는 배출 장소에 직접 방문해야만 배출자 정보를 인식하도록 제도를 개선하고 있는데, 안전을 위해서는 더욱 엄격하게 관리해야만 해요.

지구 밖에도 쓰레기가?

'5분 후 도착이면 지금 나가야겠다.' 집에서 나가기 전 스마트폰으로 버스 위치를 확인해 도착 시간에 맞춰 출발하곤 합니다. 이처럼 우리는 버스가 언제 도착하고 어디쯤 오고 있는지 쉽게 알 수 있어요. 낯선 곳에 가서도 지도 앱으로 길을 찾고요. 운전할 때 내비게이션 앱은 이제 필수품이에요. 과거 어부들이 별자리와 태양의 위치, 나침반으로 바다 위에서 길을 찾던 시절에는 상상도 못 했던 풍경이지요. 인공위성을 이용한 위성 위치 확인 시스템GPS 덕분에 세계 어디서든 위치 파악이 가능해졌어요.

인공위성은 우주에 쏘아 올린 인공 구조물입니다. 지구의 궤도를 돌며 태풍, 구름, 안개, 황사 등 다양한 기상 현상을 관측해 날씨 예보에 필요한 사진과 정보를 전송하지요. 인공위성은 또한 세계 각 지역의 전화, 라디오, TV 프로그램 등을 중계합니다.

그럼 최초의 인공위성은 언제 발사되었을까요? 1957년 전 소비에트 연방이 세계 최초로 인공위성을 쏘아 올렸어요. 우리나라는 1992년 8월에 최초로 과학 실험 위성인 우리별 1호를 발사했고요. 2020년에는 유명 기업가 일론 머스크가 설립한 우주 탐사 기업 스페이스X가 인공위성 60개를 한 번에 쏘아 올리기도 했어요.

인공위성이 많아질수록 기술은 발달하고 일상은 편리해집니다. 그러나 제 역할을 다한 인공위성이 그대로 우주에 남아 있으면 문제가 돼요. 우주 쓰레기는 임무를 마친 인공위성과 우주선, 떨어져 나온 로켓 파편, 사고로 인한 폭발물의 잔해 등을 가리키는데, 시간이 흐르면서 서로 계속 부딪혀 작은 조각으로 쪼개집니다. 현재 지구 궤도를 떠도는 지름 1센티미터 이상의 우주 쓰레기는 약 90만 개예요. 이미 1978년에 미국 항공 우주국NASA 소속의 한 과학자가 우주 쓰레기의 연쇄적인 충돌 현상 때문에 파편이 기하급수적으로 늘어날 것이라고 경고한 적이 있어요.

중국은 지난 2007년, 사용 기한이 다 된 기상 위성을 미사일로 파괴해서 2,800여 개의 우주 파편을 만들었어요. 이로 인해 막대한 우주 쓰레기가 생겨났고, 중국은 국제 사회로부터 강한 비난을 받았지요. 2009년에는 미국의 통신 위성 이리듐 33호가 러시아의 고장 난 위성 코스모스 2251호와 충돌하면서 대규모의 우주 쓰레기를 만들어 낸 적이 있어요.

우주 쓰레기와 충돌을 피하고자 국제 우주 정거장ISS은 여러 차례 우주 정거장의 고도를 조정했어요. 인공위성은 총알 속도보다

8배 빠르게 움직이기 때문에 다른 위성 또는 우주 비행사와 충돌하면 큰 사고로 이어질 수 있거든요.

우주 쓰레기가 대기권에 들어오면 대기와 마찰하여 타버리지만 일부는 대기권을 통과해 지구로 떨어질 수도 있어요. 중국의 로켓 잔해가 통제가 안 되어 대기권에 재진입한 적이 있는데, 다행히 몰디브 근처 인도양에 떨어져 인명 피해는 없었어요. 미국 플로리다 해안에는 러시아 로켓의 잔해가, 호주 남부 농장에는 스페이스X의 발사체 잔해가 떨어졌어요. 다행히 그동안에는 이렇게 사람이 없는 바다나 농장에 떨어졌지만, 인구가 밀집된 도시에 떨어질 가능성도 분명 있습니다.

문제가 불거지자 '유엔 우주공간 평화이용 위원회COPUOS'는 2007년 '우주 폐기물 경감 가이드라인'을 제시했어요. 여기에는 수명을 다한 인공위성을 안전하게 처리하는 방안을 마련하도록, 미사일을 이용해 의도적으로 위성을 파괴하지 않도록 권고하는 내용이 담겨 있어요.

그런데 스페이스X 같은 민간 우주 기업은 초고속 인터넷망을 구축하려고 수만 개의 소형 위성을 우주로 발사하고 있어요. 캐나다 브리티시컬럼비아 대학교 연구진은 이 수많은 인공위성 때문에 앞으로 10년 이내에 지구에 추락하는 우주 쓰레기가 누군가를 죽이거나 다치게 할 확률이 10퍼센트에 달한다고 발표했어요. 지금 지구 궤도를 도는 인공위성의 상황은 마치 신호 없는 도로 위를 자동차가 달리는 것과 같아요. 로켓이 통제 불능 상태로 계속해서 발사되고 우주 쓰레기를 처리하지 않는다면, 앞으로는 더 큰 피해가 일어날 수 있어요. 수명을 다한 인공위성을 처리하는 방법에 관한 강제력 있는 국제 규칙이 필요한 상황입니다.

핵 발전과 쓰레기, 우리의 안전

'원전'은 원자력 발전소의 줄임말입니다. 원자력 발전은 '원자핵물질의 가장 작은 단위인 원자의 가운데 부분이 쪼개지면서 생기는 힘'인 원자력을 이용해 전기를 만드는 거예요. 원자력 발전은 장단점이 뚜렷해서 찬성하는 사람도 있고 반대하는 사람도 있어요.

원전을 찬성하는 사람들은 원전이 그 어떤 방법보다 효율적으로 전기를 만들 수 있다고 말해요. 원자력 발전에 쓰이는 우라늄은 단 1그램만 있어도 무려 석유 약 1,800리터, 석탄 약 3톤에 맞먹는 에너지를 내거든요. 그래서 저렴하게 전기를 만들 수 있어요. 게다가 원전은 탄소를 거의 내뿜지 않기 때문에 친환경적이라고도 주장해요. 원전은 친환경 에너지로 꼽히는 태양광·풍력·수력보다도 탄소를 적게 만들어 내는데, 전 세계가 탄소 중립을

외치는 지금의 상황에 딱 맞는 에너지라는 거죠.

그러나 원전에 반대하는 사람들은 무엇보다 원전은 위험하다고 주장해요. 1986년 체르노빌 사고, 2011년 후쿠시마 사고와 같은 비극이 되풀이될까 걱정하는 거예요. 원전에 사고가 나면 많은 양의 방사능이 흘러나올 수 있는데, 인간이 방사능에 노출되면 암에 걸릴 가능성이 높아지고 심지어 죽음에 이르기도 해요. 또 원자력 발전을 하면 어쩔 수 없이 생겨나는 핵폐기물을 완전히 없앨 수 없는 것도 문제라고 주장해요. 지금부터 원전이 왜 위험한지, 앞으로 원자력 발전을 하기 위해 인류가 풀어야 할 과제는 무엇인지 차근히 알아봅시다.

바다는 쓰레기통이 아니야

2011년 3월 11일, 일본 앞바다에서 강도 9.0의 큰 지진과 쓰나미가 일어나 일본 후쿠시마의 원자력 발전소가 바닷물에 잠기는 사고가 일어났습니다. 건물이 물에 잠기면서 방사성 물질이 바깥으로 흘러나왔고, 그 주변의 넓은 땅과 바다가 방사능에 오염되었어요. 전문가들은 방사능이 전부 없어지려면 약 300년이 걸릴 거라고 말해요. 후쿠시마 원전 인근 지역은 여전히 방사선 수치가 높아 사람이 거의 살지 않아요. 2021년 후쿠시마 앞바다에서 잡은 생선을 검사한 결과 일본 정부가 허용한 한도의 약 5배의 세슘_{방사성 물질}이 검출되었어요.

피해가 아직 이렇게 심각한데, 일본 정부는 방사능 오염수를 바다에 방류하겠다고 발표했어요. 일본은 핵연료를 식히기 위해 끌어다 쓴 바닷물과 자연적으로 원전에 흘러든 지하수·빗물을 발전소 옆 저장 탱크에 하루에 약 140톤씩 보관해 왔었는데, 이제는 저장 공간이 부족해 더는 버틸 수 없으니 바다에 버리겠다는 거예요. 거리가 가까워 직접적인 피해를 입을 가능성이 큰 우리나라, 중국, 대만 등은 이 오염수 방류 결정을 반대하는 입장이에요. 일본 내에서도 어민들과 환경 단체, 어업 단체가 거세게 반발하고 있어요. 그러나 일본 정부는 각 이해관계자와의 충분한 협의 없이 방류를 밀어붙이는 상황입니다.

일본 정부는 전혀 문제가 없을 거라고 주장해요. 오염수를 희석해서 시간차를 두고 방류하고, 매일 정화 장치로 걸러 내면 방사성 물질이 대부분 제거되어 안전하다는 거죠. 하지만 전문가들의 입장은 다릅니다. 방사성 물질은 저절로 사라지거나 중화되지 않기 때문에 오염수를 희석한다고 해서 없어지지 않는다고 말합니다. 오염수 방류로 인한 피해가 얼마나 일어날지 누구도 장담할 수 없으므로, 아직 안전이 충분히 확보되지 않았다면 방류하지 않는 것이 최선이겠지요.

화장실 없는 아파트

앞서 말한 것처럼 원자력 발전은 탄소를 적게 배출한다는 장점이 있어요. 하지만 사고 위험이 크고, 핵폐기물을 처리하는 데 막대한 비용이 든다는 단점이 있지요. 한 번 발생한 핵폐기물은 최소 10만 년을 보관해야 해요. 그래서 원자력 발전에 대해 나라마다 생각이 다릅니다.

2022년, 유럽 의회는 원자력 발전을 친환경으로 인정하고 '그린 택소노미'에 포함하기로 했어요. 탄소를 많이 내뿜는 석탄 발전은 줄여야 하는데, 친환경 에너지가 지금보다 더 많이 쓰이려면 아직 시간이 더 필요한 상황이에요. 그래서 그동안 석탄 대신 에너지를 만들어 쓸만한 게 필요한데, 여기에 원전이 딱이라고 판단한 거예요. 다만 한 가지 조건이 있는데, 2050년까지 '고준위 방사성 폐기물 처분 시설'에 대한 계획을 세워야 해요.

> **그린 택소노미 Green Taxonomy**
>
> 녹색 산업을 뜻하는 '그린'과 분류학을 뜻하는 '택소노미'의 합성어로, 어떤 경제·산업 활동이 환경에 도움 되는지 안 되는지 나누어 정하는 기준이다. 그린 택소노미에 포함된다고 인정받으면 정부 정책이나 세금 등의 혜택을 받을 수 있다.

고준위 방사성 폐기물은 쉽게 말해 방사선의 세기가 강한 핵폐기물을 말해요. 방사선 세기가 약한 것은 중저준위 폐기물로 구분하지요. 중저준위 핵폐기물은 원자력 발전소에서 나오는 폐필터, 폐윤활유부터 발전소 노동자들이 사용한 장갑, 작업복, 폐부품 등이 있어요. 중저준위 핵폐기물은 국내 유일의 방사선 폐기물 처분 시설인 경주 방사선 폐기물 처분장에서 처리되고 있어요. 지하 130미터 동굴에 저장고를 만들어 중저준위 핵폐기물을 보관하는 방식인데, 운영이 시작된 지 7년 만에 전체 용량의 25퍼센트가 벌써 채워졌어요. 이 속도라면 곧 새로운 핵폐기물 처분장이 필요할지도 모르겠네요.

문제는 고준위 핵폐기물이에요. 전 세계 어디에서도 처리된 적 없거든요. 핵 발전소를 운영하는 31개국 중 핀란드·스웨덴·프랑스만이 고준위 핵폐기물 처리장을 지을 땅을 확보했어요. 핀란드는 1983년부터 건설 준비를 시작해, 2015년 세계 최초로 허가받아 지금 준공을 앞두고 있고요. 지질 조사를 거쳐 부지를 확정하고 건설하기까지 약 30년이라는 긴 세월이 걸렸어요.

우리나라를 비롯해 독일, 미국 등은 고준위 핵폐기물을 발전소 내에 임시로 저장하고 있어요. 일본은 지진이 자주 일어나는 지반 특성상 처분장을 찾지 못하고 있고요. 우리나라는 1980년대 후반부터 핵폐기물 처리장 부지를 찾기 위한 시도가 있었지만, 활성 단층지진 가능성이 있는 단층이 발견되어 중단되거나 지역 주민들의 반발로 무산되곤 했어요. 고준위 핵폐기물을 영구 처분한다는 것은 10만 년 이상 갈 수 있는 지하 저장 공간을 만들어 인간의 생활권에서 완전히 격리하는 것을 뜻해요. 10만 년 동안 보관해야 하는 처리 시설을 어느 지역에 어떻게 만들지에 대한 사회적 합의가 있어야만 건설할 수 있겠지요.

전기를 편리하게 사용한 대가는 분명합니다. 도시의 야경은 멋지지만, 그 야경을 위해 전기가 사용되고, 그 전기의 30퍼센트는 핵 발전소에서 만들어요. 핵 발전을 포기하지 않는다면 핵폐기물은 계속 생길 거예요. 쓰레기는 계속 생기는데 처리 시설이 없는 상황. 화장실 없는 아파트와 같은, 폐기물 처리 시설 없는 핵 발전소를 계속 지어도 괜찮을까요?

진로 찾기 **환경 기자**

뉴스를 보도하는 기자 바로 뒤로 폭탄이 떨어지는 모습을 보고 깜짝 놀란 적이 있어요. 전쟁 현장을 더욱 생생하게 전달하기 위해 위험을 무릅쓰고 전쟁터로 달려간 종군 기자들, 사회 정의를 위해 약자의 목소리를 대변하는 기자를 선망하는 독자들이 분명 있을 거예요.

기자는 사회의 여러 현상을 취재하고 분석해 신속히 알려 주는 역할을 해요. 보통 방송국이나 신문사, 잡지사 등에서 일하지만, 1인 미디어로 활동하는 기자도 많아지고 있지요. 언론의 역할은 권력을 감시하고 부정부패를 고발하며 약자의 목소리를 전하는 거예요. 기자가 되려면 사회 문제에 관심을 갖고 깊이 탐구하는 자세가 필요하겠지요. 계속 질문하면서 문제의 원인과 현상을 알아내는 끈질긴 태도도 중요하고요.

옛날에는 대학에서 신문방송학을 전공한 사람들이 기자가 되었지만, 지금은 전공의 중요성이 줄어들었어요. 어떤 학과를 전공하느냐보다 중요한 것은 바로 언론사 입사 시험에 합격하는 거예요. 이 시험은 각 언론사별로 진행해요. 일부 언론사는 인턴, 대학생 기자의 경험을 우대하기도 하니 관련 경험을 쌓으면 도움이 될 거예요.

기자에게는 사회 현상을 정확히 파악해 기사를 쓰는 분석력, 이슈와 사건을 빠르게 파악하는 순발력, 정보 수집을 위해 다양한 사람과 소통하는 능력이 필요해요. 시대가 변하면서 매체의 경계가 흐릿해져 카드 뉴스나 쇼츠 같은 새로운 형태의 기사가 만들어지기도 하는데요, 이렇게 온라인으로 빠르게 확산할 수 있는 뉴스를 제작하고 발행하는 역량도 기르면 좋습니다.

환경 기자는 다양한 환경 파괴 현장에 가서 피해를 본 주민들을 취재해 문제를 공론화합니다. 가습기 살균제로 피해를 본 시민을 만나고, 플라스틱 조각 때문에 동물이 죽은 바다, 이상 기후로 인한 재난 피해 현장을 찾아가지요. 불법 쓰레기가 버려진 쓰레기 산, 쓰레기 선별 시설, 쓰레기 문제에 대해 토론하는 토론회도 취재 현장이 됩니다. 환경 문제는 분야별로 발생 원인과 발생지, 해결 방법, 이해관계자가 다르므로 취재 현장이 매우 다양합니다.

특정 분야를 심층 취재할 수 있는 전문 기자의 수요가 앞으로 더 늘어날 거예요. 의학 전문 기자, 법학 전문 기자처럼 환경 분야에서 학위나 자격증을 취득해 더욱 전문적으로 활동할 수도 있겠지요. 잘 쓴 기사는 정책을 바꾸고, 독자의 마음을 움직이며 나아가 세상을 바꾸기도 한다는 점에서 기자는 굉장히 매력적인 직업이에요. 환경을 보호하고 나아가 지속 가능한 미래 세상을 만들고 싶은 독자라면, 기자에 도전해 보는 건 어떨까요?

쓰레기가 그날그날 처리되지 않고 쌓인다면 며칠이나 지낼 수 있을까요? 명절 연휴가 끝나면 골목길이나 배출함에 쓰레기가 넘치도록 쌓여 있는 것을 볼 수 있습니다. 쓰레기는 인간 생활 속에서 필연적으로 발생하므로 쓰레기 처리 시설도 필수적이에요. 쓰레기를 잘 처리하는 것은 우리의 삶, 그리고 지구 환경과 직결되는 중요한 문제이기 때문에 이에 관한 기술 개발과 연구도 활발하게 이루어지고 있어요.

환경 엔지니어는 환경 오염을 막는 설비를 조작하거나 관리하는 일을 합니다. 그뿐만 아니라 오염 물질을 측정하고 분석하는 연구도 하고, 환경 오염을 예방하는 기술도 개발합니다. 환경 오염 방지 기술은 지속해서 발전하므로, 새로운 기술을 배우거나 새 장비를 다루는 데 흥미가 있다면 관심을 가져도 좋아요.

대학에서 화학이나 생물 등 환경공학과 관련된 전공을 공부한 뒤 쓰레기 처리 공공 기관이나 산업체, 하수 종말 처리장, 수도 사업소 등에 채용될 수 있어요. 대학을 졸업하지 않더라도 대기 처리 기사, 수질 처리 기사, 폐기물 처리 기사 같은 자격증을 딴다면 폐기물 관련 회사나 수자원 관련 업체 등에서 일할 수 있고요.

5장

오늘부터 시작하는
제로웨이스트

덜 사고 덜 쓰고 덜 버릴수록
우리는 지속 가능한 세상에 더 가까워진다.

나와 지구를 위한 작은 실천

쓰레기 없는 삶이 가능할까요? 아예 없애는 건 불가능하겠지만, 줄이도록 노력해 볼 수 있어요. 유행에 휩쓸리지 않는 소비, 불필요한 소비를 거부하는 것부터 해봅시다. 제로웨이스트는 5R, 즉 거절하기refuse - 줄이기reduce - 재사용하기reuse - 재활용하기recycle - 퇴비화rot의 단계로 실천합니다.

사기 전에 충분히 고민하기

이 자리를 빌려 고백하자면, 저는 4개의 텀블러를 가지고 있어요. 일회용 컵 대신 쓰려고 샀지만 사실 텀블러 4개를 한 번에 사용한 적은 없어요. 디자인이 맘에 들어서, 손잡이가 있어서, 큰 용량이 필요해서 등의 다양한 이유로 텀블러를 사다 보니 벌써 4개가 되었지요. 그런데도 새 텀블러를 보면 또 사고 싶은 마음이 들어요. 과연 텀블러만 그럴까요? 휴대폰 케이스, 에코백, 우산 등 그렇게 산 물건이 꽤 많아요. 고장나서라기보다 싫증나서, 아니면 새로운 모델이 나와서 살 때가 더 많지요. 새 제품을 사기 전에 지금 가지고 있는 물건을 얼마나 잘 사용하고 있는지 한 번 더 생각해 봐야 할 것 같아요.

일 년에 한두 번 필요하지만, 없으면 불편한 것들이 있어요. 대표적으로 생활 공구가 그렇지요. 커튼을 달거나 시계를 걸려면 벽을 뚫을 전동 드릴이 필요한데, 몇 번 쓰지 않을 것 같아서 사기 망설여졌다면 주민 센터에서 대여해 주는 생활 공구를 활용해 보세요. 주민 센터에 가면 전동 드릴, 드라이버, 사다리, 톱 등의 공구를 무료로 빌릴 수 있어요. 캠핑 용품, 청소 용품, 생활용품뿐 아니라 침구 청소기, 유모차, 여행 캐리어, 심지어 와플 만드는 기계도 빌릴 수 있어요. 광주광역시 남구에서는 코펠, 텐트 같은 캠핑용품과 야외 활동에 필요한 물품인 아이스박스, 야외 조명, 빔프로젝터 스크린 등을 대여해 준다고 해요. 캠핑을 자주 가는 건 아니라면 우선 구매하기보다 주민 센터의 대여 서비스를 활용해 봅시다.

일 년에 몇 번 입지 않는 한복이나 면접용 양복을 대여하는 서비스는 꽤 활성화된 편이에요. 최근에는 일상복 대여 서비스도 많아지고 있고요. 옷을 사고는 싶은데 금방 싫증 내는 편이라면 빌려 입는 방법을 선택할 수 있어요. 버려지는 옷은 재활용되지 않아 환경에 큰 영향을 미치거든요. 헌옷 수거함의 옷 중 일부가 해외로 수출되지만, 그 나라에서 쓰레기가 되면 환경 오염으로 인한 피해는 고스란히 그 나라 사람들에게 돌아가게 돼요. 가격이 싸니까, 유행이니까 라는 이유로 물건을 사는 일은 되도록 줄여 보는 게 어떨까요?

용기 내어 담아 오기

"비닐봉지 안 주셔도 돼요!" 물건을 살 때면 빠르게 손을 내저으며 말해야 했어요. 한 장의 비닐봉지라도 줄이기 위한 노력이었지요. 물건을 사고 계산하려고 보면 어느새 비닐봉지에 담겨 있더라고요. 그전에 필요하지 않다는 의사를 빠르고 정확하게 표현해야 했어요.

다른 버전도 있어요. 백화점에서는 "영수증 안 주셔도 돼요"에요. 앱으로 전자영수증을 신청하면 구매 내역을 확인할 수 있거든요. 또 음식점에서는 "이 반찬 빼주셔도 돼요"도 가능해요. 먹지 않는 반찬이 있다면 식사 전에 점원에게 말해 보세요. 버려지는 음식을 줄일 수 있어요. 배달 음식을 주문할 때도 가능합니다. 짜장면과 같이 오는 양파, 돈가스와 같이 오는 김치, 치킨과 같이 오는 무도 먹지 않는다면 주문할 때 메모를 남겨 받지 않도록 해보세요.

집에 있는 밀폐 용기를 챙기는 일은 이제 익숙해졌어요. 김밥, 떡볶이 등 음식을 포장할 때 내가 가져간 용기에 담아올 수 있거든요. 정육점이나 아이스크림 전문점에서도 직접 가져간 용기에 담아 온 경험을 SNS에서 종종 볼 수 있어요. '용기' 내서 '용기'에 담아온다는 뜻으로, 이 실천을 '용기내 챌린지'라고 불러요.

이러한 문화가 점점 널리 퍼지면서 제로웨이스트 매장이 동네 곳곳에 생겼어요. 이곳에 가면 리필 스테이션이 있어서 세탁 세제나 쌀, 시리얼 등을 내가 필요한 만큼 용기에 담아 올 수 있어요. 포장재 없이 구매하면 플라스틱 사용을 줄일 수 있고 포장재를 만들 때 사용하는 전기, 물 사용량을 줄이는 효과도 있어요. 화장품 리필 스테이션에서는 샴푸와 바디 워시 제품을, 대형 마트에서는 세제나 곡물을, 한살림 같은 생협에서는 잡곡류를 용기에 담아서 구매할 수 있어요.

나눌수록 줄어드는 쓰레기

지금 여러분의 방을 한번 둘러보세요. 그리고 책상 위에 뭐가 있는지 살펴보세요. 버릴까 말까 망설이다 그냥 둔 물건이 눈에 띄지 않나요? 언젠가는 쓰겠거니 하는 생각에 갖고 있다가 결국 버리게 된 경험에 많은 사람이 공감할 거예요. 안 쓰는 물건은 주변에 필요한 사람이 있다면 나눠 주면 어떨까요? 학교나 직장, 교회, 동아리에서 각자 안 쓰는 물건을 가져와서 교환하는 벼룩시

이마트에 있는 리필 스테이션의 모습이에요. 가져간 용기에 견과류를 원하는 만큼 담아 무게를 재고 무게만큼 비용을 지불할 수 있어요.

장을 해보는 건요? 내가 쓰지 않는 물건이 누군가에게는 유용할 수 있고, 나도 필요한 물건을 저렴하게 얻을 수 있어요. 아름다운 가게, 구세군 희망 나누미, 굿윌 스토어 등 동네에 중고 물품을 기부할 수 있는 곳이 있다면 이용해도 좋아요. 아름다운 가게는 매장에 직접 방문해서 기부할 수 있지만, 물건이 많다면 방문 수거도 신청할 수 있어요.

인터넷이나 앱을 활용하는 것도 좋은 방법이에요. 당근마켓, 번개장터, 중고나라, 세컨웨어 같은 중고 거래 앱에서 생활용품, 가전제품, 신발 등이 많이 거래됩니다. 당근마켓의 월간 이용자 수는 무려 1,800만 명으로, 이는 국민 3명 중 1명이 매달 중고 거래를 하는 수치예요. 우리, 이미 너무 많은 물건을 소유하고 있지 않나요? 나에게 더는 필요하지 않지만 누군가에게는 유용하게 사용될 물건이 있는지 잘 찾아봅시다.

비운다-헹군다-분리한다-배출한다

"지금 컨베이어 벨트 아래로 떨어지는 것은 재활용이 안 되는 거라고요?" 재활용 선별장에서 선별이 끝나고 쓰레기로 처리되는 마지막 단계를 한동안 바라봤어요. 분리수거함에 버리면 다 재활용되는 줄 알았는데, 꽤 많은 양이 선별장에서 다시 쓰레기로 처리되고 있더라고요.

우리나라 생활 쓰레기 재활용률은 약 60퍼센트지만, 실제로 재활용되는 비율은 40퍼센트에 그친다고 해요. 통계로 잡히는 재활용률은 재활용 선별장에 들어가는 양인데, 선별장에서 선별되지 못하고 잔재물로 처리되는 양이 40퍼센트 정도 되기 때문이에요. 다행히 2018년부터는 잔재물양이 확인되어 재활용률이 조금 높아졌다고 합니다. 하지만 여전히 가정에서 분리수거할 때는 재활용되는지 안 되는지 헷갈리는 것이 많아, 분리수거함에는 재활용이 안 되는 쓰레기가 있고 종량제 봉투에는 재활용되는 쓰레기가 섞여 있곤 해요. 재활용 쓰레기는 수집 → 선별·분리 → 재활용 또는 처리매립이나 소각의 과정을 거쳐요. 첫 단계인 분리수거를 잘하면 선별에 드는 비용과 에너지를 줄일 수 있고, 잘 선별된 재활용 쓰레기는 원료나 연료로 재활용할 수 있어요.

분리수거를 잘하려면 어떻게 해야 할까요? '비운다, 헹군다, 분리한다, 배출한다.' 이 네 가지 원칙을 잘 지키면 이미 절반은 성공이에요. 음식물이 묻었거나 용기 안에 내용물이 남아 있으면 재활용 품질이 떨어지거든요. 그러니 좋은 품질의 재활용을 위해서는 깨끗하게 버리는 것이 무엇보다 중요해요. 깨끗하게 버려야 할 또 다른 이유는, 바로 사람이 재활용품을 선별하기 때문이에요. 자석이나 바람을 이용해 기계로도 하지만, 대부분은 사람이 직접 손으로 분류합니다. 따라서 선별장과 선별 노동자의 안전을 위해 깨끗하게 배출해야 해요.

선별 시설에 모인 재활용 쓰레기는 품목별로 선별한 후 압축해 재활용 처리 업체로 전달합니다. 유리나 캔은 파쇄하거나 녹여서 원료로 사용하고요. 플라스틱은 재질별로 분류한 뒤 작은 조각으로 만들어 다시 제품을 만들거나 녹여서 원료로 사용합니다. 투명 페트병은 페트병이나 옷을 만드는 섬유로, 우유 팩은 화장지로 재활용해요. 비닐류는 비닐로 재활용하거나 고형 연료로 만들어 에너지를 회수하는 용도로 사용하고요. 국물과 염분이 많은 부분을 제외한 음식물 쓰레기는 집이나 동네에서 퇴비로 쓸 수 있어요. 화단의 퇴비로 사용하면 음식물 쓰레기 처리를 위한 시설과 에너지를 줄일 수 있어요.

정말 버릴 수밖에 없다면, '잘' 버리기

2022년 8월 수도권에 내린 폭우로 서울 곳곳이 침수되었어요. 그때 한 시민이 빗물받이를 막고 있던 쓰레기를 맨손으로 직접 치우는 영상이 화제가 되었어요. 쓰레기를 빼내자 하수구로 물이 원활하게 빠지는 장면이 영상에 담겼지요. 빗물받이가 쓰레기로 가득 차서 제 기능을 하지 못한 게 침수의 큰 원인이었어요. 빗물받이로 물이 배수되지 않는다면 아무리 지하에 큰 배수 시설이 있어도 무용지물이에요. 그러므로 빗물받이의 역할을 간과해서는 안 됩니다. 그러나 많은 사람, 특히 흡연자 중에서 빗물받이를 재떨이처럼 사용하는 사람이 많아요. 쓰레기를 잘 버리는 것이 침수나 화재 위험을 줄이는 첫걸음임을 명심해야 합니다.

각종 플라스틱 쓰레기와 버려진 낚시 장비가 새끼 알바트로스의 배 속에서 발견되었어요.

코로나19 팬데믹으로 일회용 마스크 같은 위생용품 사용량이 크게 늘었어요. 근데 우리가 무심코 버린 마스크가 야생 동물에겐 위협이 되었지요. 새들이 마스크 끈에 부리나 다리가 얽혀 날지 못하거나, 물고기가 라텍스 장갑에 갇혀 죽거나, 마스크를 둥지 재료로 사용해 서식지에 영향을 주는 등 수많은 피해 사례가 보도되었어요. 이 역시 잘 버리는 것의 중요성을 보여 주는 대표적인 사례들입니다.

쓰레기를 거부할 권리

쓰레기 문제를 해결하기 위해 일상에서 노력하는 사람이 많습니다. 시장에서 비닐봉지가 아닌 장바구니를 사용하고, 식당에서는 챙겨 간 용기에 음식을 담아 달라고 요청하지요. 재활용 쓰레기를 내놓을 때는 라벨을 떼고, 품목별로 잘 분리해 배출합니다.

가방에 장바구니, 텀블러, 용기를 들고 다니는 사람들은 개인의 실천에 머물지 않고 지도를 만들어 정보를 공유합니다. 그리고 자기 경험을 SNS를 통해 나누며 다른 이들의 실천을 끌어내지요.

플라스틱은 거절할게요

대형 마트에서 구매한 물건의 포장지를 벗기고 나니 카트에 쓰

빨대를 사용해야만 마실 수 있었던 기존의 테이크아웃 컵은 최근 빨대 없이 입 대고 마
실 수 있도록 바뀌었어요.

레기가 한가득 쌓였어요. 온몸에 비닐과 포장지를 붙인 사람들이 외치네요. "우리에게는 쓰레기를 사지 않을 권리가 있다!"라고 말이에요. 2018년 세계 일회용 비닐봉지 안 쓰는 날, 서울 마포구 상암동 홈플러스에서는 녹색연합을 비롯한 환경 단체들이 '플라스틱 어택Plastic attack' 캠페인을 진행했습니다. 포장된 과자 여러 개를 다시 포장한 과자, 플라스틱 용기에 담긴 조각 수박, 비닐 포장 후 다시 플라스틱 용기에 담은 치즈 등 이중, 삼중 포장을 벗겨내면서 얼마나 많은 포장재가 사용되었는지 눈으로 확인했습니다.

플라스틱 어택은 쇼핑 후 매장에 플라스틱 포장과 비닐을 버리고 오는 운동으로, 2018년 3월 영국의 소도시 케인샴에서 시작되어 전 세계 곳곳으로 확산되었어요. 각종 포장재를 원치 않아도 함께 구매할 수밖에 없으니 제조업체와 유통업체가 포장재에 대한 책임을 지고 대안을 마련할 것을 요구하는 시민의 직접 행동이지요.

우리나라에서는 플라스틱 어택이 다양한 버전으로 확산했어요. 스팸 어택, 빨대 어택, 꽁초 어택, 화장품 어택, 배달 어택, 빵칼 어택 등 시민들은 직접 행동을 통해 기업에 변화를 요구했어요. 시민들의 요구에 기업은 정말 달라졌어요. 명절용 선물 세트에 플라스틱 뚜껑이 없는 햄 통조림을 출시했고, 과자나 우동을 담은 플라스틱 받침대를 종이로 바꾸었어요. 한 프랜차이즈 음료

컵은 빨대 없이도 마시는 데 불편함이 없도록 입구를 개선했고요. 빨대 없는 요구르트, 빵칼 없는 롤케이크가 판매되면서 필요할 때 요청하라는 안내문이 붙었어요. 필요와 관계없이 주는 게아니라 필요한 사람이 선택할 수 있도록 한 거예요. 편의점에서컵라면을 살 때 젓가락을 따로 가져가는 것처럼 말이에요.

브리타는 세계 여러 나라에서 사용하는 간이 정수기 회사예요. 간이 정수기는 사용자가 직접 필터를 교체할 수 있고 내부도 간편하게 씻을 수 있다는 장점이 있어요. 페트병에 담긴 생수 대신사용한다면 플라스틱 쓰레기도 줄일 수 있고요. 우리나라는 다쓴 간이 정수기 필터가 재활용이 안 된다고 해서 그냥 일반 쓰레기에 버려 왔어요. 그런데 다른 나라에서는 다 쓴 필터도 회수해재활용한다는 사실을 알게 된 국내 일부 소비자들이 우리나라에서도 재활용하도록 서명 운동을 벌였어요. 그 결과 브리타는 우리나라에서도 다 쓴 필터를 무상 수거해 재활용하도록 정책을바꿨어요.

화장품 용기는 재활용이 어려운 품목 중 하나였어요. 반짝이는색상, 금속 스프링이 있는 펌프, 잔여물이 남아 세척이 어려운 구조 때문이라고 화장품 회사는 주장했지요. 시민들은 그 무책임한태도에 분노했고, 재활용이 안 되는 화장품 용기 수천 개를 모아회사 앞에 가서 재활용 책임을 요구했어요. 이후 많은 화장품 회사가 재활용이 잘 되는 재질과 구조로 용기를 바꾸기 위해 노력했고, 공병을 회수해 재활용하는 곳들도 생겼어요.

일회용 수저 안 받기로 본 '넛지 효과'

불과 몇 년 전까지만 해도 배달이 가능했던 음식은 짜장면, 피자, 치킨 정도였어요. 그러나 코로나19 팬데믹 이후 배달 음식의 종류가 무척 다양해졌고, 주문량도 크게 늘었어요. 그와 동시에 일회용품 사용량도 늘어났지요. 그런데 집에서 시켜 먹을 때는 굳이 일회용 수저가 필요하지 않아요. 쓰지도 않을 일회용 수저를 계속 받다 보면 그것도 짐이 되지요. 환경에 해로운 건 말할 것도 없고요. 그래서 일회용 수저를 보내지 말라고 메시지를 남기는 사람들이 많아졌어요.

소비자의 요구가 커지자 배달 앱들은 '일회용 수저, 안 주셔도 돼요'라는 체크 박스를 만들었어요. 그런데 소비자가 이 체크 박스에 표시하지 않으면 일회용품이 같이 오는 게 기본 옵션이었어요. 굳이 체크를 하느니 그냥 두는 경우가 더 많을 수밖에 없었지요. 게다가 어떤 음식점은 일회용 수저를 빼달라고 해도 무조건 같이 보낸다고 했어요. 혹시나 수저 때문에 다시 배달을 가게 되면 비용과 시간이 추가로 들기 때문이었어요.

잘못된 것을 바로잡고자 하는 시민들의 목소리가 커지자 배달 앱 세 군데가 함께 기본 옵션을 바꾸었어요. '일회용 수저, 안 주셔도 돼요'라는 체크 박스에 체크가 되어 있는 상태를 기본 옵션으로 설정한 거예요. 저번과 마찬가지로 꼭 일회용 수저가 필요한 상황이 아니라면 소비자들은 기본 옵션을 굳이 건들지 않았어요. 이 작은 변화로 일회용 수저 안 받기 비율은 10퍼센트에서 70퍼센트까지 증가했어요. 배달 앱 3사의 매출액으로 환산하면 한 달 동안 6,500만 개의 일회용 수저를 줄이는 효과였지요.

강압하지 않고 부드럽게 개입해서 사람들이 더 좋은 선택을 하도록 유도하는 방법을 '넛지'라고 해요. 넛지nudge는 '옆구리를 슬쩍 찌른다'라는 뜻이에요. 강요하지 않고 자연스럽게 선택을 이끄는 힘은 생각보다 큰 효과가 있어요. 위의 사례는 불확실한 상황에서 원래 선택을 유지하려는 인간의 성향을 이용해 긍정적인 선택을 유도한 넛지 효과라고 볼 수 있어요.

텀블러에 담아 주세요

패스트푸드점에서 키오스크로 햄버거를 주문했어요. 가방에 텀블러가 있었지만, 포장할 때 음료는 일회용 컵만 선택할 수 있더라고요. 최근 음식점과 카페에서 키오스크 주문이 많아지고 있는데, 일회용 컵만 쓸 수 있다면 주문을 포기해야 할까요?

번거로운 데도 불구하고 일회용품을 덜 쓰기 위해 텀블러를 갖고 다니는 사람이 많아지고 있어요. 한 커피 전문점이 발표한 자료에 따르면 2022년 7월까지 텀블러 주문 건수는 전년도에 비해 20퍼센트나 늘어났다고 해요. 카페에서 점원에게 음료를 주문할 때 텀블러를 사용할 수 있듯이 키오스크도 마찬가지로 텀블러 선택 옵션이 있어야 하지 않을까요? 우리에게는 일회용 컵을 쓰지 않을 권리가 있으니까요.

카페에서 텀블러를 쓰듯 배달 음식을 주문할 때 일회용기 대신 다회용기를 사용할 순 없을까요? 클릭 한 번으로 음식을 주문해 먹을 수 있는 것은 참 편리하지만, 쌓여 가는 배달 쓰레기는 마음을 불편하게 해요. 1인분만 주문해도 반찬통, 소스통, 배달음식을 담은 비닐봉지 등 수많은 일회용품이 쓰레기가 되니까요. 수년 전만 해도 대부분 중국집은 그릇을 다시 가져갔어요. 그러나 지금은 배달 전문 업체가 생겨서 배달 횟수에 따라 비용이 늘어나다 보니 중국집조차 일회용 그릇을 사용해요.

배달 쓰레기에 죄책감을 느낀 시민들은 배달 업체와 정부에 쓰레기 없는 배달을 할 수 있도록 다회용기를 쓸 것을 요구했어요. 그 결과 2022년 서울시와 배달 앱 4사는 다회용기 주문이 가능한 시범 사업을 시작했고, 점점 더 많은 음식점과 소비자가 참여해 사용량이 늘고 있어요. 앞으로는 다회용기 사용이 기본값이 될 수 있도록 인식의 전환이 이뤄지길 기대해 봅니다.

즐거운 불편함

한 집 걸러 한 집꼴로 카페가 들어선 걸 보면 알 수 있듯 우리나라에서 소비되는 커피 양이 상당히 많습니다. 커피는 해발

1,000~2,000미터의 고산 지대에서 재배되므로 농장을 짓기 위해서는 산림을 훼손할 수밖에 없어요. 커피 1킬로그램당 온실가스 배출량은 17킬로그램으로, 식품 중에서 탄소 배출량이 쇠고기, 양고기, 치즈, 초콜릿에 이어 다섯 번째로 많다고 해요. 커피를 마시더라도 환경에 덜 해로운 방법은 없을까요? 그 고민 속에서 차선으로 선택한 것이 바로 용기 커피예요.

용기 커피는 필요한 양의 커피를 자기가 가져온 통에 담아 구매하는 제로웨이스트 실천 운동이에요. 참여자들이 필요한 만큼만 원두를 예약한 뒤 격주로 '용기 커피 보급소'에 방문해 직접 가져가는 방식이지요. 이로써 일회용 커피 포장재 사용을 줄이고, 각각 배송되던 택배 횟수도 줄일 수 있어요. 용기 커피는 커피 산지에서의 친환경 농법을 지원해 노동자와 지역에 도움이 되고 환경 훼손을 줄이는 '공정 무역 커피'로 운영돼요. 2022년 기준 용기 커피 보급소는 전국에 약 18개 지점이 있어요.

> **공정 무역 커피**
>
> 아프리카, 아시아, 남미 등 개발도상국에서 재배되는 커피를 공정한 가격에 사서 유통하는 것을 말한다. 헐값에 사들여 비싸게 팔아 폭리를 취하는 다국적 기업을 거치지 않고, 농장과의 직거래를 통해 농장이 합당한 소득을 얻을 수 있도록 하는 것이 목적이다.

한 달에 두 번 용기 커피를 가져오고 용기를 반납하는 일은 번거롭지만, 함께하는 사람들 덕분에 지속해서 운영되고 있어요. 포장재를 재활용하는 것보다 포장재 자체를 발생시키지 않는 것의 의미를 알기 때문이에요. 내가 할 수 있는, 우리가 함께 할 수 있는 실천법은 이처럼 무궁무진하답니다. 아이디어를 모아서 함께할 수 있는 곳들을 연결해 보세요. 그리고 변화를 만든 경험을 직접 느껴 보세요.

제로웨이스트에 적극적으로 동참하고 싶다면?

함께 보면 좋은 책

- 애니 레너드 지음, 김승진 옮김, 《물건 이야기 The Story of Stuff》, 김영사, 2011
- 수전 프라인켈 지음, 김승진 옮김, 《플라스틱 사회》, 을유문화사, 2012
- 산드라 크라우트바슐 지음, 류동수 옮김, 《우리는 플라스틱 없이 살기로 했다》, 양철북, 2016
- 강신호 지음, 《이러다 지구에 플라스틱만 남겠어》, 북센스, 2019
- 박경화 지음, 《지구를 살리는 기발한 물건 10》, 한겨레출판, 2019
- 홍수열 지음, 《그건 쓰레기가 아니라고요》, 슬로비, 2020
- 산드라 크라우트바슐 지음, 박종대 옮김, 《쓰레기 거절하기》, 양철북, 2020
- 볼프강 M. 헤클 지음, 조연주 옮김, 《리페어 컬처》, 양철북, 2021
- 제이슨 히켈 지음, 김현우·민정희 옮김, 《적을수록 풍요롭다》, 창비, 2021
- 케이트 오닐 지음, 명선혜 옮김, 《쓰레기의 정치학》, 북스힐, 2021
- 편집부 지음, 《쓰레기 TMI》, 한겨레21, 2021
- 미카엘라 르 뫼르 지음, 구영옥 옮김, 《당신의 쓰레기는 재활용되지 않았다》, 풀빛, 2022
- 홍수열 지음, 《지금 우리 곁의 쓰레기》, 슬로비, 2022
- 하인리히 뵐 재단·분트 지음, 움벨트 옮김, 《플라스틱아틀라스-세계판》, 작은것이아름답다, 2022
- 하인리히 뵐 재단·플라스틱추방연대 아시아태평양지부, 《플라스틱아틀라스-아시아》, 작은것이아름답다, 2022

실천하는 데 도움이 되는 웹사이트

- 스마트서울맵 map.seoul.go.kr
- 자원순환정보시스템 noplasticstore.kr
- 플라스틱 방앗간 ppseoul.com/mill
- 서울새활용플라자 seoulup.or.kr
- 서울도시금속회수센터 srcenter.kr
- 탄소중립포인트 에너지 cpoint.or.kr
- 네이버 카페 '제로웨이스트 홈' cafe.naver.com/zerowastehome

자원 순환 관련 정보를 얻을 수 있는 곳

- 국립환경과학원 nier.go.kr
- 수도권매립지관리공사 slc.or.kr
- 순환자원정보센터 re.or.kr
- 한국환경공단 keco.or.kr
- 한국환경산업기술원 keiti.re.kr
- 한국환경연구원 kei.re.kr

주요 환경 단체

- 그린피스 greenpeace.org/korea
  그린피스는 1971년에 시작된 세계에서 가장 유명한 환경 보호 단체예요. 지구 온난화, 플라스틱 오염, 해양 오염 등 전 지구적 환경 문제를 해결하기 위해 비폭력 직접 행동의 평화적인 방식으로 캠페인을 진행하고 있지요.

- 녹색연합 greenkorea.org
  1991년 창립한 우리나라 환경 단체로 자연 생태계 보전 활동, 야생 동물 보호 활동, 기후 위기 대응 활동, 에너지 전환 활동 등을 통해 환경 문제를 해결해요. 정부 지원금 없이 회원들이 내는 회비와 후원금으로 운영되지요.

- 여성환경연대 ecofem.or.kr
  1999년에 만들어진 여성 환경 운동 단체로, 여성의 관점에서 생태적 대안을 찾고 평등하고 지속 가능한 녹색 사회를 만드는 활동을 해요. 건강하고 평등한 세상, 유해 물질로부터 안전한 사회를 만들기 위해 노력하지요.

- 와이퍼스 wiperth.me
  '지구를 닦는 사람들' 와이퍼스는 동네, 산, 바다를 다니며 쓰레기를 줍고 산불 피해 지에 나무를 심으며 길거리에 버려진 꽁초를 주워 제조사에 보내 해결책을 촉구하는 등 지속 가능한 지구를 위해 활동합니다. 주로 카카오톡 오픈 채팅방을 통해서 모이며, 시민들이 쉽게 플로깅(조깅을 하면서 동시에 쓰레기를 줍는 운동)을 할 수 있도록 돕는 앱을 개발해 플로깅 플랫폼을 만들 예정이에요.

- 자원순환 사회연대 waste21.or.kr
  180여 개의 환경, 소비자, 여성, 시민 단체가 참여해 1997년에 창립한 연대예요. 쓰레기 정책에 관한 연구 및 정책 제안, 입법 활동과 시민의 환경 의식을 높이기 위한 캠페인, 지역별 시민 단체의 역량이 강화되도록 지원하는 활동을 합니다.

- 자원순환 사회경제연구소 blog.naver.com/waterheat
  폐기물·자원 순환 관련 제도 연구, 사례 조사, 업체 및 협회 업무 컨설팅을 전문으로 하는 민간 연구소예요. 20년간 쓰레기 문제를 연구해온 '쓰레기 박사'가 운영하는 블로그에서는 쓰레기에 관한 이론과 제도, 정책 등 쓰레기에 관한 모든 정보를 볼 수 있어요.

- 환경운동연합 kfem.or.kr
  1988년 '공해 추방 운동 연합'에서 시작된, 우리나라에서 가장 오래된 환경 운동 단체예요. 54개 지역, 5개 전문 기관, 8개 협력 기관과 함께 전국의 환경 이슈를 다룹니다.

쓰레기 없는 세상을 만드는 회사

- 뽀득 bbodek.com

2017년에 설립한 회사로 국내 최초로 식기세척기 대여 서비스를 운영하고 있어요. 뽀득 키즈는 어린이 식기 위생 관리 서비스를, 뽀득 비즈는 사업장 설거지 문제 해결 서비스를, 뽀득 에코는 다회용기 대여 서비스를 제공해요. 또한 장례식장, 영화관, 야구장 등 다중 이용 시설에 다회용기, 다회용 컵 대여와 세척 서비스도 제공합니다.

- 푸른컵 pruncup.com
'일회용품 없는 제주'라는 슬로건으로 제주 지역에서 다회용 컵 사용 서비스를 운영합니다. 제주에 여행하러 온 관광객들은 스테인리스 텀블러를 대여할 수 있으며 최대 7일간 이용할 수 있어요. 공항이나 제휴된 카페에 반납하도록 해 제로웨이스트 여행을 실천할 수 있지요.

- 터치포굿 touch4good.com
우리나라의 대표적인 업사이클 디자인 회사예요. 현수막처럼 짧게 쓰이고 버려지는 자원을 재활용해서 가방, 담요, 파우치 등 업사이클 제품을 만들고, 청소년을 위한 환경 교육 프로그램도 진행합니다. 업사이클 제품을 만들 때는 저소득 이웃, 장애인 작업자와 함께하고요.

- 트래쉬버스터즈 trashbusters.kr
페스티벌에서 한 번 쓰고 버려지는 일회용품을 보고 쓰레기 문제를 해결하고자 시작된 다회용품 대여 서비스 업체예요. 2019년에 설립되어 일회용기 대신 다회용기를 쓰는 곳을 대상으로 대여, 수거, 세척, 소독까지 전 과정의 서비스를 제공합니다. 기업의 사내 카페, 영화관, 야구장, 장례식장, 페스티벌 등에서 다회용품 대여 서비스도 제공하고 있어요.

- 행복브릿지 happyecocup.com
일회용 플라스틱 컵 사용을 줄이기 위한 다회용 컵 대여 서비스를 운영하고 있어요. 보증금 1,000원을 내고 다회용 컵을 사용한 후 무인 반납기를 통해 반납하면 보증금을 환불받을 수 있습니다. 2021년 제주에서 시작되어 현재 서울과 인천까지 확대되었어요.

직접 해보는
진로 찾기

하고 싶은 일을 하려면 무엇을 준비해야 할까?
관심 있는 직업을 직접 조사해 보자.

나의 관심사	
나의 성격	
좋아하는 공부	
내가 되고 싶은 직업	

이 직업이 하는 일	❶
	❷
	❸
	❹
	❺

진출 분야	

필요한 능력	

해야 할 공부 및 활동	

관련 자격증	

이 직업의 롤 모델	

참고 자료

웹사이트

- e-순환거버넌스 www.15990903.or.kr

기사

- <프탈레이트에 노출된 태아 아토피 발병↑>, 뷰티누리, 2021.12.21
- <"임신 중 프탈레이트 노출되면 아이 성장 방해한다">, 세계일보, 2022.06.27
- <[건강] "플라스틱 우유병, 유방암·전립선암 유발">, SBS, 2008.04.17
- <재활용 페트병의 배신… "새 병보다 발암물질 더 나왔다">, 중앙일보, 2022.03.20
- <EU 일회용 플라스틱 10개 제품, 전면 금지까지>, 임팩트온, 2021.08.31
- <"플라스틱, 10년 안에 석탄보다 온실가스 더 뿜는다…기후위기 해소 노력에 찬물">, 경향신문, 2021.10.22
- <옷을 빨고, 음식을 먹을 때도…우린 '미세플라스틱' 피해자이자 가해자>, 경향신문, 2021.01.22
- <"아시아 소금이 가장 심각"…미세 플라스틱 오염>, MBC, 2018.10.18
- <미세 플라스틱, 살아있는 사람 폐·혈액서도 검출>, 세계일보, 2022.04.10
- <하루 15만t 음식 쓰레기 가축분뇨…잘 쓰면 원전 1기보다 에너지 효자>, 매일경제, 2021.04.20
- <[오피니언 기고] 끊임없이 늘어나는 전자폐기물을 줄이려면>, 한국섬유신문, 2022.6.30
- <USB-C는 왜 전자 폐기물 추방 '절대 반지'가 됐나>, 메가뉴스, 2022.06.08

- <아이폰·갤럭시 셀프 수리할 수 있을까… 미·유럽은 '자가 수리' 권리 보장>, 세계일보, 2022.08.22
- <'우주쓰레기' 추락에 누군가는 죽거나 다친다…10년내 확률 10%>, 서울신문, 2022.07.12
- <버려진 마스크 수십억 개의 저주…새는 부리를 열지 못했다>, 중앙일보, 2022.08.13
- <커피콩 없는 커피…'대체 커피'를 둘러싼 상황은 복잡하다>, 한겨레, 2011.11.04
- <"북한도 유해 폐기물 처리에 곤란 겪는 개도국 가운데 하나">, 중앙일보, 2022.03.31

정책 및 연구

- 주문솔. <식품 손실·폐기량 저감과 관리 정책 동향·입법 과제>. 국회입법조사처, 2021.
- 이효정. <식량 손실과 낭비 감소를 통한 지속가능한 생산과 소비 목표 달성>. 한국국제협력단, 2017.
- 이소라 외. 순환 경제로의 전환을 위한 플라스틱 관리전략 연구. 한국환경정책·평가연구원(KEI), 2019.

사진 출처

- 28쪽 "Throwaway Living," Life, August 1, 1955.
- 31쪽 MarkBuckawicki; 위키미디어
- 33쪽 허승은
- 35쪽 녹색연합
- 39쪽 에코오롯
- 41쪽 녹색연합
- 43쪽 서울시
- 45쪽 장주희
- 54쪽 허승은
- 56쪽 허승은
- 82쪽 이아롬

- 89쪽 Davide Mauro; 위키미디어
- 103쪽 Smtzzz; 위키미디어
- 111쪽 허승은
- 141쪽 Acabashi; 위키미디어
- 165쪽 허승은
- 169쪽 USFWS; Flickr
- 172쪽 Carlos M. Trujillo; Unsplash.com

교과 연계

▶ 중학교 ————————————————————————

사회 1

VI. 자원을 둘러싼 경쟁과 갈등

  1. 자원 분포와 자원을 둘러싼 갈등

  2. 자원 개발과 주민 생활의 변화

  3. 지속 가능한 자원 개발

사회2

X. 환경 문제와 지속 가능한 환경

  1. 기후 변화

  2. 산업 이전에 따른 환경 문제

  3. 생활 속 환경 이슈

XII. 더불어 사는 세계

  3. 지역 간 불평등 해결을 위한 국제적 협력

도덕2

III. 자연·초월과의 관계

  1. 자연관

  2. 과학과 윤리

과학1

III. 생물의 다양성

  3. 생물 다양성의 보전

통합사회

II. 자연환경과 인간

   1. 자연환경과 생활

   2. 인간과 자연의 관계

   3. 환경 문제 해결을 위한 다양한 노력

III. 생활 공간과 사회

   1. 산업화와 도시화

IX. 미래와 지속 가능한 삶

   2. 자원과 지속 가능한 발전

사회·문화

V. 현대의 사회 변동

   4. 전 지구적 수준의 문제와 세계 시민

통합과학

VII. 생물 다양성과 유지

   3. 생물 다양성과 보전

VIII. 생태계와 환경

   3. 지구 환경의 변화

   4. 에너지의 사용과 환경

IX. 발전과 신재생 에너지

   1. 전기 에너지의 생산

   3. 태양 에너지의 생성과 전환

   4. 태양광 발전, 핵발전, 풍력 발전

   5. 신재생 에너지와 지속 가능한 발전

다른 포스트

뉴스레터 구독신청

쓰레기 없는 지구를 만든다면

플라스틱부터 우주 쓰레기까지 세상을 구하는 환경 이야기

초판 1쇄   2023년 5월 25일

지은이   허승은

펴낸이   김한청
기획편집   원경은 차언조 양희우 유자영 김병수 장주희
마케팅   박태준 현승원
디자인   이성아 박다애
운영   최원준 설채린

펴낸곳 도서출판 다른
출판등록 2004년 9월 2일 제2013-000194호
주소 서울시 마포구 양화로 64 서교제일빌딩 902호
전화 02-3143-6478   **팩스** 02-3143-6479   **이메일** khc15968@hanmail.net
블로그 blog.naver.com/darun_pub **인스타그램** @darunpublishers

ISBN 979-11-5633-539-9 44000
ISBN 979-11-5633-250-3 (세트)

다른 생각이
다른 세상을 만듭니다